新日本

个体社会的蜕变

2008—2015

黄亚南 著

人民东方出版传媒
People's Oriental Publishing & Media
東方出版社
The Oriental Press

图书在版编目（CIP）数据

新日本．个体社会的蜕变：2008–2015 / 黄亚南 著．— 北京：东方出版社，2024.1
ISBN 978-7-5207-3595-7

Ⅰ．①新…　Ⅱ．①黄…　Ⅲ．①社会分析 – 日本 – 1998–2007　Ⅳ．① D731.369

中国国家版本馆 CIP 数据核字（2023）第 155416 号

新日本．个体社会的蜕变：2008—2015
（XINRIBEN. GETI SHEHUI DE TUIBIAN: 2008—2015）

作　　者：黄亚南
责任编辑：刘　峥　马　旭
出　　版：东方出版社
发　　行：人民东方出版传媒有限公司
地　　址：北京市东城区朝阳门内大街 166 号
邮　　编：100010
印　　刷：华睿林（天津）印刷有限公司
版　　次：2024 年 1 月第 1 版
印　　次：2024 年 1 月第 1 次印刷
开　　本：880 毫米 × 1230 毫米　1/32
印　　张：8.5
字　　数：223 千字
书　　号：ISBN 978-7-5207-3595-7
定　　价：49.00 元
发行电话：（010）85924663　85924644　85924641

目　录

CONTENTS

| 前言 |

走向个体社会的启示录

一 走向个体社会

1. 个人说明书

十多年前，笔者提出了以从群体社会到个体社会的概念来观察日本社会。当时已经看到很多事实在证明群体社会的崩溃，但群体社会崩溃后就一定是个体社会吗？对这个问题很快就得到了验证。

2008 年的一天，日本有一位读者走进书店，看到新书柜台前的书堆里的《B 型的自我说明书》。有关血型与个人性格的书籍一直有人爱读，在书店的某个角落常常可以找到这类书。本来这位读者对此类书籍并不感兴趣，而且，读者自己也不是 B 型人，但是由于周围有很多 B 型的朋友和同僚，这位读者就随意地拿起这本书，希望多少能了解一些 B 型人的特征，这对以后如何相处应该是有帮助的。

谁知拿起来后就放不下了。这位读者一边读，一边联想起 B 型的朋友和同僚们，竟然在书店里读完了这本书。这位读者不想这样偷偷读，就赶紧掏钱购买了这本书。这还不够，他还问店员购买此书的是不是 B 型人居多。书店当然没有这样的统计，得不到书店的回答，这位读者就直接打电话到出版此书的文艺社继续询问。出版社对这样的读者非常重视，亲切地给予了答复：购买此书的人以青年女性居多，但在各个年龄层都有广泛的读者。而且，从反馈回来的读者卡可以了解到购买此书的读者要么自己是B型人，要么周围的朋友里有B型人。

原来如此。这位刨根问底的读者虽然不是B型人，但为了自己和周边的人，也开始期待自己血型的说明书了。

但是，什么是血型的自我说明书呢？是根据不同血型的人有不同的性格特点来总结每一个人的性格，向其他人进行说明。

全世界有70多亿人口，日本人口也超过了1.2亿，而血型只有A型、B型、O型以及AB型四种。根据这四种血型来说明自己是怎样一种人，似乎过于简单，每一种血型的人口数量都非常之多，仅以血型来归纳，实际上很难做到每一个人的自我说明。但《B型的自我说明书》巧妙地设计了很多项目，通过对这些项目的选择判断，在理论上可以做到对应每一个人的自我说明。而正是这种有效进行的自我说明，才使得《B型的自我说明书》及其系列书可以畅销。

从公开的资料来看，几乎很少有人在求职的时候用这样的自我说明来介绍自己，但很多人通过这本书让自己也让朋友了解了自己的性格，同时也了解了朋友的性格。这对人际关系比较紧张的日本至少起到了一定的缓冲作用。问题是，类似血型与个人性格关系的书籍一直充斥了日本的大小书店，为什么只有这套书如此畅销呢？而这样的畅销又为什么发生在21世纪初呢？

不知是受到这套书的启发，或者是对这套书进行的总结，在2008年，自由撰稿人速水健朗出版了一本名叫《不能停止寻找自我》的著作，显示了“寻找自我”是这个时代的关键词。而2008年除了《哈利·波特》之外，最畅销的《梦象成真》就是一本自我启发的实用书。这些书籍之所以在这个节点上畅销，似乎可以回答《B型的自我说明书》为什么会畅销的问题，连同这两本书的畅销，这些畅销书的出现不正说明了日本将走向个体社会的现象吗？

2. 无缘社会

对日本社会正在向个体社会过渡的这种现象，日本思想家内田树曾经尝试着用结构主义的理论来找到这种社会现象里的积极意义，而日本 NHK 电视台则用“无缘社会”这一新名词来表述个体社会的另一个方面。

无缘社会的特点就是断绝血缘、地缘、社缘关系，一个人在变动的社会中生活着，可以说是个体社会的典型表象。

2010 年初，NHK 播出了一档节目《无缘社会：三万二千人无缘之死的冲击》，介绍了日本每年有 3.2 万人孤独地离开人世，而他们的死亡还让“行旅死亡人”这个封尘很久的法律名词重新回到大众的视线中。这个名词是 1899 年明治时代日本颁布的法律中出现的名词，即无法判断死者身世，也无从知晓死者的姓名。“行旅死亡人”的重现意味着在今天的日本社会每年还有 3 万多人临死前没有一个亲人陪伴，而且死后也没有人来认领尸首。NHK 的这则报道正如节目的标题那样冲击了日本社会。

为什么日本还会有那样多的无缘之死呢？这和日本社会不断个体化有非常大的关系。现在日本的年轻人往往喜欢独居，从农村或者其他城市到东京等大都市来的年轻人虽然经济方面十分拮据，但他们基本上不像中国年轻人那样愿意群租，而是喜欢个人独居。而大都市的年轻人也会很早离开父母的家庭，过起单身生活。这样日本的单身公寓就非常发达，年轻人很容易找到那种面积狭小但厨卫俱全的单身公寓。这些年轻人往往很晚结婚，而且就算结了婚，也不太愿意和父母住在一起，日本流行的二代人住宅就是绝好的写照。在寸土寸金的东京，年轻人想要拥有自己房子并不是那么容易的事，但他们又不想回以前的家和父母同居。这样父母就把老房子推倒重建，重建后的房子外面看像一户人家，但里面是完全不相通的，是完全独立的两套生活空间。如果要送一碗汤，都要从外面绕过去。

这样的独居状况也能从统计中看得很清楚，日本现在大概 4 个家庭里面就有 1 个是一个人的独居家庭。

京都大学名誉教授橘木俊诏为日本独居家庭的发展找到了以下几条原因。第一，在日本经济高度增长以及之后的一段时期里，劳动力的移动规模巨大，很多年轻人告别故乡的父母到大都市谋生，而到大都市打拼的年轻人也很难把父母接来同住。第二，由于年金制度逐步完善，退休之后的生活有了一定的保障，所以老一辈可以不用依赖下一代的抚养。第三，随着自由主义、个人主义思想的发展，以前的大家庭主义、家长制失去了凝聚力。年轻人的独立生活也减少了家庭矛盾的激化。第四，随着人口的频繁流动，日本社会的特色之一的群体意识也逐步淡化，血缘、地缘和社缘都开始变得淡薄。第五，随着经济的发达，小家庭的收入能够满足其需求，这就确保父母与孩子分别组成的小家庭完全可以互不干涉，保持相对的独立。家庭经济的规模效应不再重要。第六，日本人的平均寿命的延长也是一个重要的原因。80 多岁的高龄老人的子女也接近花甲，六七十岁的老人再去照顾八九十岁的老人往往力不从心，老人护理成为社会问题，而家庭不得不借助社会的支援。

从以上的分析来看，导致个体社会发展的原因并不都是消极的因素，很多还是社会发展的积极因素。然而，这样的个体社会的发展很快带来触目惊心的消极后果。不仅出现了很多老年人的孤独死，而且出现了年轻人不愿结婚、不愿生孩子的社会现象。在日本经济高度增长时期，年轻人离开原来的群体社会，从地方来到大都市，虽然这是一次无缘化，血缘和地缘的关系淡薄了，但由于他们进入了企业这样新的群体，结果形成了新的有缘体系的社缘（会社之缘），并没有完全进入无缘社会。当时日本企业采用的都是终身雇佣制度，可以保障这些年轻人的生活无忧。而在企业这种新体系下，他们的生老病死、冠婚葬祭都与所处的企业有密切关系。但是，随着日本经济转入长期低迷时期，这些企业员工被迫因各种理由和方式而离开公司，而一旦离开公司就很难再找到可以继续工作的岗位，他们再一次被无缘化，而这次的无缘化则是真正的无缘化了。

虽然也有一些评论家认为无缘社会并不是坏事，但很多日本人还是觉得这是一个需要解决的问题。就在无缘社会这个概念被日本社会所接受的 2010 年，当时的日本首相菅直人就曾经把解决无缘社会的问题当作施政的主要目标之一，他任命了特别小组调查无缘社会的实际情况，从而制定出能够温暖地包容那些孤立无援的个人的政策。只是产生这样的社会问题的原因并不简单，所以要找到相应的解决方案也不是那么容易的事。

3.“3 · 11”后日本变了吗？

在 21 世纪刚刚进入第二个十年的时候，天灾人祸再一次给日本带来了沉重的打击。2011 年 3 月 11 日，日本东北太平洋近海发生了日本历史上已知强度最大的地震。地震和海啸给福岛等沿海地区带来毁灭性的灾害，罹难人数破万。地震还导致福岛核电站事故，使得灾难规模进一步扩大。历史上最强的地震，尤其是核电站事故，对实际上唯一遭受过原子弹攻击的日本来说，带来的打击是很难估量的。《朝日新闻》编委竹内敬二曾经指出，这是改变日本历史的一天。

日本的历史真的改变了吗？在“3 · 11”的 5 周年之际，《朝日新闻》发表的一则社会调查显示，大多数人在“3 · 11”后都发生了变化，这种变化不仅发生在“3 · 11”前后的实际生活方面，也发生在对生活和人生的认识方面。

出生在仙台的歌手森公美子指出，“3 · 11”让她产生了有形之物会毁灭、生命会被夺走的切身体会，所以，她开始不再感觉到物质生活的价值，她不愿再戴昂贵的戒指，喝高级香槟，而是更愿意去追求更适合自己的梦想，虽然不知道能为灾区做些什么，但将来一定会回故乡生活。与出于政治目的来调查的美国人不同的是，很多日本人并不是从美日同盟的角度来看待“3・11”给日本带来的变化，而是从他们的日常生活、他们的思维方式的角度来认识这场灾难带来的变化。

作家曾野绫子曾经指出，日本国民之所以在震灾之后能够维持良好的社会秩序，是因为他们相信政府很快就会来救援，会给他们带来食物和粮食。大震灾之后，灾区没有发生抢劫强奸，不能仅仅认为是日本人的素养比较高，实际上在日本很多地方都有坚固的公共建筑可以做避难场所，这样的避难场所能最快地给灾区的受灾者提供必要的帮助。尽管如此，“3・11”巨大的天灾人祸还是动摇了日本国民已经形成的观念。

日本是地震大国，大小地震接二连三，所以日本也形成了比较完善的防灾体系，令人羡慕。但是“3・11”的大地震所引发的海啸毫不留情地冲垮了人们修筑的防灾设施，从而冲走了日本国民对国家防灾体系的信赖。从防灾工作到公共事业，从能源供给到经济政策，现有的体制和系统都遭到了怀疑，日本国民再一次认识到他们的社会在各方面都非常脆弱。而且，迟迟未完的灾后复兴也让很多国民感到仅仅依赖国家和地方政府，是不能改变自己的生活的。灾后的复兴不是他人之事，而是应该依靠自己的力量来进行。

萱野稔人指出：“3・11”给日本带来的世界观的变化首先就是对“强大”这个概念的重新定义。右翼论客藤井聪在“3・11”之后指出：一般大家所熟悉的“强大”只是在和平时期的印象，那不是经济和生命危机时的“强大”，但是，只是在数年之间，日本就经历了金融危机和巨大地震、核电站事故，所以，日本应该考虑在多事之秋也起作用的“强大”到底是什么。

但是，要给“强大”一个完美的定义并不是一件简单的事情，人们虽然在心理上追求强大，但实际上并没有合适的参照物。“3・11”之后，日本的民主党政权如果适当处置，或许能给日本国民描绘一幅新的“强大”的蓝图，但民主党政府没有看到国民的这种需求，依然热衷于内部的权力斗争，导致了国民对民主党政府的全面失望。民主党政府没有及时回应日本国民的这种需求，结果让在野党得到了机会，自民党总裁安倍晋三高呼“夺回日本”的口号从而夺回了首相的宝座。安倍再次执政之后，立刻用推行强化美日同盟关系来为日本国民描写了“强大”的蓝图。而这样的“强大”获得了很多日本国民的认同和支持。

渴望“强大”，说明了日本国民感觉到日本还不够强大，政府还不够强大，他们希望政府能足够强大，迅速地让他们走上复兴之路，摆脱大震灾的阴影，所以，他们也会为政治家描绘的“强大”的蓝图所倾倒。这实际上也说明了日本国民还没有真正做好走向个体社会的心理准备。尽管这个时候，他们已经身不由己地踏上了走向个体社会的道路。

二　渴望·焦虑·躺平

1. 这样的日本真不错

《这样的日本真不错》（2008 年）是日本现代思想家内田树的著作。书名很有趣，但本书的序言更加有趣。因为内田在序言里竟然说，他已经不记得这本书是不是他自己写的了。

这也难怪，每年内田要出版十多本著作，这不是用高产可以形容的，简直可以说这不是人能胜任的。不过，内田明确否认了有枪手捉刀，他保证这些文字的确都是他自己写出来的。内田之所以说不记得是不是自己写的，是因为他要说明这样一个道理：人们在叙说时叙说者已经是其他人了。换句话说，人们在行动时主宰他们的不是他们的主体性，而是某种结构。

这不是结构主义的观点吗？是的，内田就是想通过本书的序言来阐述结构主义日本论。结构主义是20世纪50年代以后在法国兴起的一种思想，其特点就是不要过高地评价自己的判断。内田认为我们都不可避免地戴着有色眼镜来看世界，所以，我们每个人看到的世界都是走样的世界，只有我们彼此都针对世界的认识进行交流，才有可能了解到真实的世界。或者可以这样说：我们不能从内田的某一句话中看到一点日本真不错的现象，但是通读内田的著作，就能看到他的主张。

每年出版十多本著作简直不是人所能胜任的，同样，通读那些著作显然也可以说是一种拷问。况且，"这样的日本真不错"，到底好在哪里呢？在内田的著作里并没有直接的答案。那就要迫使我们也能够运用结构主义的思想，来看懂内田的主张，来看清楚日本社会。

在这本《这样的日本真不错》出版后的第二年，内田把本书中的第四章抽出来，经过补充修改后又出版了一本更加知名的著作《日本边境论》。对于日本边境论这个观点，对当时还是世界第二经济大国的日本来说，似乎难以接受。不过，按照主张日本边境论的内田树的总结，这种边境论早已有之。丸山真男有"边境人的性格论"，泽庵禅师有"边境人的时间论"，而养老孟司有"边境人的语言论"。他们都很早地指出了日本文化的边境性特征。也就是说，即使身处"最完善的"工业社会，成为世界第二经济大国的时候，日本也是处在世界的边缘。内田进而指出，日本在历史上不是某一大国属国的历史只有从1894年到1945年的50年时间，这是历史的史实。而恰恰在这不是边境的50年中，日本一直处于战争状态之中。所以，不处在边境上的状况没有给日本带来好处。而二战之后，战败的日本被美国占领后处在美国的羽翼之下，享受了半个多世纪的和平。内田进而指出：我们从近代历史中可以学到的是，如果日本拒绝作为边境的存在，那么就需要有与世界为敌进行战争的觉悟。

所以，不选择战争，哪怕是边境，这样的日本不是很好吗？这样的结论就自然而然地产生了。

尽管很多人不喜欢日本人是边境人的论点，但是他们的生活习惯却处处透露出边境人的特征。正如内田指出的那样，往往日本人不关心什么是正确的，他们关心的是和谁在一起更好的问题。也就是说他们与其自己判断某件事正确与否，还不如去找一个能够下判断的人。这样的习性也在国家之间的关系上体现出来，战后日本实际上失去了在外交上的自主权，这是国家之间的力量差距导致的结果，也可以说是日本更习惯依附旁人所带来的结果。

《这样的日本真不错》是2008年出版的，无论读者对此是支持也好，反对也好，那一年日本正处在战后最长的伊奘诺景气中，还有说“这样的日本真不错”的氛围。之所以用日本的神话人物天照大神之父的名字来命名这段经济好转时期，是因为这段好转的时间长度超过了日本经济高速增长时期的神武景气和岩户景气。这段景气也在愈合泡沫经济崩溃带来的不浅的伤口，经济的复苏给日本社会带来的活力，让大家有理由说这样的日本真不错。那还是一个强调努力去做就能做好的年代，是强调自我责任的年代，所以，年轻人还能从容不迫地去寻找自我。

只是当时谁也没有想到那是这个景气期间的最后一年，更没有想到源于美国的金融危机会如此轻易地让日本经济遭受巨大创伤。当然也不会想到，“美好日本”这样的用语也会变味。更重要的是，屡次被美国撞破好梦的日本又如何来出这口气呢？

2. 社会思想的整体移轴

从群体社会走向个体社会，既没有事先的设计方案，也没有实际上的统一指挥，甚至很多人对此还不以为然。但无论情愿还是不情愿，历史的发展已经给社会带来了变化，只是在群体社会崩溃后，反而有很多人更加向往这个时代。日本社会上的意识形态的改变，日本的社会思想在最近几年里发生了整体的移轴，正说明了这点。

著名保守派杂志《文艺春秋》2014 年 6 月号刊登了题为《质疑安倍首相的“保守”》的特辑，汇集了日本右翼言论的代表人物的采访录，展示了 8 个日本著名右翼论客的“对这个时代具有刺激性的真情表露”。这 8 个人是日本维新会共同代表石原慎太郎、日本自卫队原航空最高长官田母神骏雄、自民党总裁特别助理萩生田光一、日本文化频道樱花社长水岛总、媒体人樱井良子、漫画家小林善范、评论家冈崎久彦、自民党众议院议员前原诚司。他们基本上都是安倍晋三首相的终结战后体制主张的坚实拥趸，可以说都是日本比较著名的右翼论客。他们借此题目全面申述了日本右翼的主要主张：修改日本宪法，参拜靖国神社，考虑核武装和摆脱美国跟班的地位。

知名媒体人田原总一朗指出：如果在 3 年前，这些右翼的主张都有可能被认为是“右翼的诡辩”而遭到唾弃，日本社会对这些主张基本上不能接受，但是现如今这 8 个人的发言具有了一定的现实意义，这些右翼言论开始得到认同。实际上这一点从田原总一朗本人的态度上可以管窥一斑，田原认为目前国际局势发生了巨大的变化，一直以来以世界警察自居的美国正在放弃扮演这个角色，而邻国中国在经济方面获得巨大发展的同时也在急剧扩大军事实力，对日本来说不得不面对这样的威胁。也就是说，日本用武装力量保卫自己那就是名正言顺的。而这正是以前日本右翼的主要主张。

与此同时，日本的左翼却濒临灭绝。和平思想被贴上一国和平主义的标签而遭到严厉的批判。正在获得主流话语权的社会评论家池田信夫指出：日本的左翼所主张的政治目标在各种选举中被日本的国民所抛弃，结果除了电视节目的评论员之外，左翼基本上都消失了。连左翼的主要阵地《朝日新闻》也受到了濒死的重伤。

日本左翼濒临灭绝，不等于说日本的左中右消失了，实际上左中右的区分在任何时代都会存在，只是区分的标准发生了变化。这也就是说，经过这几年的社会变化，原来被认为是右翼的变成了中间主流，原来的极右变成了不那么可怕的右翼，原来的中间主流则变成了少数派的左翼，而原来的左翼差不多消失殆尽了。“日本社会是不是趋于右倾？”非营利智库言论 NPO 曾经在 2013 年做过社会调查，对受访者提出了这个问题。结果有 28.6% 的日本人认为社会正在右倾化，17.1% 的人认为时任首相安倍晋三的言行让大家感觉到日本正在右倾化，明确指出日本没有右倾化的人只占 5.7%。受访者之所以认为社会右倾化，是因为他们认识到日本现在已经忘记宪法明文规定了尊重国民的人权和国家主权，不应该拥有能挑起战争的军事力量；已经不再对第二次世界大战进行反省，而对战争礼赞的气氛却越来越明显、越来越浓厚。从自民党以及同样是右派的日本维新会等党派获得众议院全国大选压倒性胜利的情况来看，也能看到日本社会的右倾化。更关键的是，持右翼观点的人越来越多，而持左翼观点的人，尤其是持左翼观点的年轻人越来越少。可以说，社会调查所显示的日本国民的这种看法，实际上也证明了日本的社会思想正在发生整体的移轴。

3. 一亿人口总抑郁症社会

越是渴望强大，也就越担忧现状。这样的担忧让日本社会中非典型抑郁症患者急剧增加。精神病专家片田珠美教授指出，这是一种新型抑郁症，和以往抑郁症不同的是，新型抑郁症往往表现出强烈的自我中心现象，甚至出现以抑郁症为借口的现象。

就在“3・11”东日本大震灾发生的前一天，片田出版了著作《一亿人口总抑郁症社会》。这说明日本抑郁症患者的增加并不是“3・11”带来的直接后果，而是当时日本社会发展的一种现象，也真实地反映了日本社会的实际状态。

以往的抑郁症往往会出现缺乏食欲、睡眠不好的症状，而新型抑郁症却表现为暴饮暴食、贪睡等，其中有些患者在休息日毫无问题，一旦开始工作就容易发作，也有一些患者对他人的言行过于敏感，要么激烈反驳，要么完全无视。以往的抑郁症患者常常认为自己做得不好而陷入不可自拔的自责中，但新型抑郁症则把所有的责任都推卸给别人，完全是自怜自爱。可以说这就是新型抑郁症与以往抑郁症最大的区别。

问题是这样的自怜自爱，同时又过敏反应的人在现实生活中很难和周围的人相处，动不动就会因为小事而爆发。这样的表现常常被误认为是一种性格，一种态度，实际上这就是一种症状，是一种病，需要治疗。当然长期以来对这样的症状难以确诊也是有医学方面的限制。现在，大家已经认同抑郁症可以说是心理上感冒的说法，对新型的抑郁症有了新的判断标准。随着美国精神病学会制订的 DSM 这种诊断手册的普及，以往不能诊断的抑郁症也容易被诊断出来了。同时，美国的一些制药公司也在大力开发抗抑郁症的新药，其代表性新药 SSRI 在煽动性的广告宣传下成为抢手货。

然而，再好的营销如果没有消费需求作为基础也不会取得很好的效果，日本之所以会出现大量的新型抑郁症患者，其根本原因还在日本社会本身。

在美国鼓吹的全球化的影响下，日本企业的那种传统经营方式逐步被能力主义、成果主义和自我责任等新的经营方式取代，但是很多日本人并不适应这样的变化，而消费社会不断释放出来的“什么都是可能”的刺激和压力，迫使他们不敢考虑放弃改变，从而在精神上备感压力。他们希望找到能够解决这些问题的“幸福之药”。SSRI 的成功营销让很多日本人发现自己可能患上了新型抑郁症，他们纷沓而至，导致了精神病医院人满为患。参照美国的 DSM 手册，这些日本人也很容易地被确诊为抑郁症患者，被要求服用抗抑郁症的药物。由于 DSM 第 3 版把与抑郁症不同的神经症也包含在抑郁症里，从而增加了抑郁症患者的数量。这让很多日本人成为精神病医院和抗抑郁症药品公司的主顾。

问题还不仅仅是那些成人很容易被确诊为新型抑郁症患者，更严重的是他们的孩子们也正在成为新型抑郁症的后续大军。

在少子化的影响下，孩子的教育容不得失败。而父母的期待要孩子做出完美的回应。父母的期待实际上是父母自怜自爱的再版，而那些不是很成功的父母更是会把自己无法放弃的梦想寄托在孩子的身上。在这样的期待中，孩子感觉已经无路可退，他们不可能选择放弃，不能辜负父母的期待。在这样的期待中，孩子似乎也感觉到他们是能够对父母的期待做出完美的回应的。这样的感觉让孩子继承了父母的自怜自爱，在不考虑自身条件的基础上，做起了自我膨胀的美梦。显然，这就是日本新型抑郁症患者人数爆发的基础，因为一旦这些孩子发现现实中的自我远远不是梦想中的自我之后，他们就会茫茫然不知所措。

遗憾的是，目前并没有什么人能够遏止新型抑郁症患者人数不断扩大的趋势。除了家庭，学校是孩子生长的重要场所，但是，学校总是想要发掘孩子潜在的资质，结果也像家长那样在鼓励孩子的自我膨胀，在“只要想做就能够做到”，“谁都有无限的可能”这样的教育下孩子的梦想不断被放大。没有人去教育孩子要认清和接受现实中的自我，所以，一旦碰壁，发现梦想与现实的巨大差距时，他们就不知道如何去面对和处理。同时，他们不会认为现实中的自我是他们的才智不足和努力不够所形成的，他们只会认为之所以变成现实中的这个样子完全是他人造成的，把问题都归罪于他人。实际上，这就是现在日本新型抑郁症患者急剧增加的原因。

4. 成熟日本即将开启躺平模式

“日本国土那么狭窄，你那样急急忙忙地想去哪儿？”

这是在 1973 年，获得了总理大臣奖的一句优秀的交通安全口号。因为这句口号十分形象，所以常常被人引用。最近一次引用是橘木俊诏和浜矩子两位教授在 2011 年出版的对谈集《成熟日本不需要经济增长》的讲座开场白。

虽然日本社会充满了抑郁症，但橘木和浜认为日本并不需要这样的忧郁，如果改变一下思维的话，就可以解决问题。对日本来说，经济增长至上的那个“未成年”时代已经结束了，但是在那个时代日本已经赚得盆满钵满，给日本社会留下了丰厚的财产。现在“成年”日本面临的应该是如何运用好这些财产。如果还没有这样的觉悟，依然认为自己还很年轻，那么就会大声叫嚷：“GDP已经被中国超越”，“马上也会被印度赶上来了”。实际上日本已经是世界上最大的债权国，金融投资的回报就完全可以让日本非常富裕，也就是说成熟的日本已经不需要经济的高度增长。日本需要的是正确地认识到目前的状况。

曾经被称为“日元先生”的榊原英姿更是尖锐地指出：如果从成熟这个角度来看，日本就是世界上最先进的国家。如果我们强调这个优势，国民可以广泛地共享成熟的果实的话，那么日本还是焕然一新的。现在先进国家的经济已经充分成熟，高速增长当然不再是可以企及的。通货紧缩与其说是一种问题，倒不如说是经济增长必然导致的结果。所以，应该彻底放弃经济增长的幻想，接受社会成熟的现实。

这样，换一个角度来看，日本“失去的三十年”不仅无法挽回，而且正是一个从增长到成熟的过渡。无论是否喜欢、是否接受，日本社会不可避免地进入了成熟社会，大家都不可避免地面临着“已经进入成熟社会的日本应该如何取舍”的问题。

换句话说，这些有识之士实际上是在鼓励日本开启躺平的模式，并且认为这是唯一可行的道路。在此之后，日本社会的确越来越躺平，形成了一种可以称之为日本式躺平的模式。

文艺评论家佐藤清文指出，日本需要更加成熟的精神，没有成熟的精神，社会就抵御不了回归增长社会的诱惑。这些年来，日本所谓的改革基本上都是一种树立假想敌然后加以攻击的煽动。政治家都非常热衷如何强化自己的权力基础，但是对如何构建信赖关系毫不关心。所以，这20年来，日本社会虽然在高歌从增长社会进入成熟社会，但是一直在成熟社会前徘徊。

在成熟社会里，虽然经济增长放缓了，但是精神生活的质量应该大幅得到提升，这个前提是人们道德的成熟。如果缺少了精神生活的质的提高，只剩下经济增长停滞不前的话，那么社会就会更加动荡不安。日本在进入成熟社会的时候，不得不摸索着社会的重新定位。

三 畅销书里的国民史

1. 畅销书与马赛克拼图的历史方法

从个人说明书、无缘社会、渴望强大，到社会思想的整体移轴、一亿人口总抑郁症、开启躺平模式，日本社会的变化错乱复杂，不会也不可能是单线条发展的。然而，从这些可以看得见的现象或者可以称之为历史的细节碎片中，应该还是可以感受到时代前进的躁动，把握到历史发展的脉络的。

历史是由无数的细节碎片展现在我们眼前的，很多细节我们可以看到，但更多的细节可能永远看不到了，而那些看不到的细节同样在历史上发挥了重要的作用。所以，我们不能忽视那些消失的细节，而需要用马赛克拼图意识来观察历史，争取去比较全面地认识历史。

150 年前，福泽谕吉在《文明论之概略》中指出，求一国文明的所在，必先观察一国的风气，而这个风气就是一国人民的智慧和道德，而一国人民的智慧和道德就是每一个国民的智慧和道德的总和。这实际上是提醒我们可以通过日本人的阅读来考察他们的智慧和道德。

在日本很早就有人出来说现在大家越来越不喜欢读书了。的确，如果从出版社的数量和书店数量的变化来看，是可以找到这种言论的证据的。根据日本的《出版年鉴 2014 年版》的数据：2000 年，日本有 4391 家出版社，但是到了 2013 年减少了近 1000 家，只有 3588 家出版社。而书店的数量更是大幅度锐减。2000 年日本全国有 21495 家书店，但是到了 2013 年已经关掉了近 1 万家书店，只剩下 14241 家书店。但是，尽管出版社和流通渠道的实体书店都在大幅度减少，每年出版发行的书籍数量却一直处于递增状态。2000 年，日本的书籍出版数量为 65065 种，到 2013 年增加到 82589 种，其中，尤其是社科类书籍增长得最多，文学类和艺术类紧随其后，而学习参考类书最少。这可以说明，日本国民阅读的热情依然很高。

虽然实体书店的数量不断减少，但这不意味着日本国民阅读量的减少，从 2010 年开始，电子书籍的市场规模不断扩大，到 2014 年，日本电子书籍市场规模首次突破 1000 亿日元。这也显示了日本国民的阅读热情。

这种热情也能从几乎每年都有上百万册销量的畅销书出现这一事实方面看到。而这样的畅销书又反映了社会的变化。除了前面提到的《国家的品格》给日本社会带来了整体思想移轴的气氛之外，还有一个现象非常显眼，那就是在日本走向个体社会时，“塑造自我”类书籍不断地成为畅销书。

2008 年《梦象成真》《B 型的自我说明书》等“寻找自我”的书籍畅销，实际上宣告了个体社会的到来。仿佛是响应这样的宣告，在“寻找自我”之后，“塑造自我”的书籍迅速地登上畅销书榜。2009 年，一本减肥瘦身的实用书《卷卷就能瘦！》在出版后销售量很快就突破了 100 万册。2010 年，另一种关于餐饮减肥的《体脂肪计百利达的员工食堂：只有 500 卡路里但可以吃饱的套餐》，也在出版的当年销售量就突破了 100 万册。到 2012 年，这本书和续集的销售合计超过了 481 万册。2011 年开始出版的《美木良介的长呼吸减肥》系列也非常畅销，这个系列 4 本书的销售突破了 200 万册。而有关健康长寿的心得书籍《要长寿揉揉小腿肚》是 2014 年销量唯一超过 100 万册的书籍。“塑造自我”的书籍不仅在日本出版界独占鳌头，而且出现了层出不穷、延绵不断的趋势。2016 年，又一本塑身类书籍《不管身体怎样僵硬的人都能做一字马》的销量突破了百万册。紧接着在 2017 年，《模特不愿外传的胴体重塑减肥》一书的销量也超过百万册……这大概是日本历史上对减肥、健美、重塑身材的书籍需求最为旺盛的一个时期，而这样的现象从一个方面说明了日本国民开始对进入个体社会做准备了。

由于畅销书具有比较广泛的社会影响力，能够给社会带来比较大的影响，所以，通过历年的畅销书，来把握社会发展的脉动，应该是一个行之有效的马赛克拼图的历史方法。

2. 被刻意“制造”出来的畅销书也反映了社会的需求

在竞争非常激烈，而读者的喜好又不断变化的出版行业，有能力的编辑依然能编辑出版销量超过百万册的书籍，他们又是如何做到这一点的呢?

资深畅销书策划人黑川精一策划的两本书《不被医生杀死的 47 条心得》和《要长寿揉揉小腿肚》，在 2013 年和 2014 年连续 2 年夺得日本畅销书榜榜首桂冠，被誉为日本出版史的奇迹。黑川在接受出版界的业界报纸《新文化》的采访时，透露了如何“制造”畅销书的秘诀。

首先，他的编辑方针是要有广度也要有深度。比如《不被医生杀死的 47 条心得》的作者近藤诚是一名治疗癌症的专家，一般的编辑可能会从治疗癌症的角度来编近藤医生的书，但那样的话，题目就有局限，就缺乏广度，很难引起一般读者的兴趣，所以，黑川的着眼点是更能引人注目的过度治疗问题。作为癌症治疗专家，近藤医生很早就对日本的过度治疗发出过警告。事实证明黑川的策划把握住了市场的脉搏。

其次，广告宣传要精悍。日本出版社的传统宣传阵地是新闻报纸。而书籍的广告都有一定规范，要在报纸版面上那块方寸之地做出有效的宣传，广告词就必须简短精悍。黑川通常喜欢用5个字抓住读者的眼球。

同时，书名需要动足脑筋。如何用一个书名既能概括一本书的诉求，也能引起多方面的注意是重中之重，所以，书名必须花时间斟酌。当然理性的分析可能带不出很多可用的关键词，最终还是要靠人的感觉。比如《不被医生杀死的47条心得》这样的书名既能吸引正在治疗的病人的关心，也能吸引身体健康的读者的关心。靠的就是“不被医生杀死”这样的关键词。至于为什么选了47条心得，那是因为47的读音和日语不死的读音相同，这实际上是为了做宣传而制造的一个噱头。后来通过采访记者的笔宣传出去后，进一步赢得了读者的关心。

在日本出版界，“制造”畅销书有三个T的原则，一个是时机（Time）的T，另一个是主题（Theme）的T，还有一个是书名（Title）的T。出版社的策划者需要有敏锐的眼光捕捉市场的需求，同时还要掌握好推出的火候，过早和过晚都不行，也就是说在读者最需要阅读的时候推出他们需要的书籍。那样的话，就基本上可以保证出版的书籍能够取得一定的畅销业绩。

可以说，虽然不是每本精心策划的书都能畅销，但是，每一本畅销书都是经过精心策划的。

《国家的品格》成为畅销书，夺得2006年畅销书榜首的桂冠也是这样的典型事例。作者藤原正彦是一位数学家，但他的讲演却在大力抨击社会上拜金主义的现象，他认为日本社会出现的贫富两极分化有悖于日本传统的和谐精神。这种言语犀利的讲演引起了出版社编辑的注意，他们把这些讲演录音并整理成书稿。2005年日本爆发出IT界最大的丑闻“活力门”事件，出版社也就利用大家对IT新贵“有钱能使鬼推磨”的做法十分不满的时机，及时地推出这本《国家的品格》。出版社选对了选题，抓住了时机，这本书不成畅销书也很难。

需要注意的是，《国家的品格》一书的畅销，实际上为日本右翼逐步获得主流发言权奠定了基础。藤原正彦的思想可以用他自己的一句话来概括，那就是母语就是祖国。他要求日本应该去找回自我，这种思想被日本大多数人接受，现代思想家内田树就曾经说过，他对藤原所说的东西有95%都是认同的。而这些思想也正是日本右翼的出发点。日本的读者在接受《国家的品格》之后，对右翼思想也就不再抵触了。可见畅销书的巨大社会影响力。

3. 散乱反射的畅销书

可以说《国家的品格》是在读者有需求的情况下出版的，而出版后成为畅销书，又给日本社会带来了巨大的影响。这也说明了畅销书作为一种流行的现象，是建立在时代需求基础上的。虽然每一个读者可能都有自己对畅销书的理解，但是在一个很短的时期能够销售出那么多的书，可以说明畅销书总会在某些方面反映读者的渴求、希望、烦恼或者不安。坦率地面对这样的流行，应该可以把握到时代的变迁，触摸到国民史的一部分。

日本在泡沫经济崩溃后经济陷入长期的低迷，国家、企业都无力再全面地保障大家的生活。数百年来的传统的群体社会开始解体，随着新世纪的到来，日本也逐步走向个体社会。为了适应个体社会，日本国民纷纷开始寻找自我，重新开拓自己的现在和未来。到2008年，这样的自我寻找达到了一个高潮。相关的书籍也十分畅销，血型分析的小册子占据了畅销书排行榜的半壁江山。

但是，个体社会的到来是日本国民非常不适应的大事件。谁也没有做好准备，谁也无从准备。混乱带来了焦虑，在日本社会里弥漫着寻找假想敌的空气。他们需要找到一个目标进行攻击，从而为自己的不安找到相应理由。一开始，大家把执行了20多年的宽松式教育当作的靶子进行了攻击。后来又找到日本的官僚制度当作万恶之源加以批判，希望在这里找到正解而一劳永逸。但要找到一个大家公认的假想敌并不容易，而且更会产生误解。当日本的右翼利用领土问题做文章时，终于促成在二战之后被美国压抑的日本人的爱国心找到了宣泄的出口。

不过，尽管有一些日本人认为美国就像19世纪殖民帝国压榨殖民地一样榨取了日本的财富，但是，美国的强大却是日本无法抵抗的，日本舆论界领袖池田信夫甚至说，日本最好还是待在美国的羽翼之下，不过这还要看美国同意不同意。事实上，尽管美国不再愿意做世界警察，但是依然能够骑在日本的头上，而且日本还为美军驻扎在日本承担成本。最后日本终于现实地认识到他们根本没有选择的权利。这让日本很忧郁，甚至感到有点错乱。而在2010年前后，日本从世界第二经济大国宝座上跌落下来的事实，也使他们备感焦虑。他们需要整理，甚至需要重新学一下管理学。

在焦虑和忧郁中，新的英雄崇拜开始兴起了。与以前很长时期直接歌颂当权的历史人物不同的是，日本开始流行歌颂一些反抗的英雄。畅销书中的人物如公司职员半泽直树、石油大王国冈铁造、海贼景姑娘都是这样的英雄。复仇成了最响亮的口号。这样的英雄崇拜也意味着日本读者自身需要那样的反抗，他们往往认为自己的不幸都是他人缘故，所以，指责他人成了新的主流思想。这种状况在群体社会里是很难看到的，因为群体社会鼓励凡事要站在他人立场上考虑，当然一味地指责他人是不应该的。指责他人的盛行，说明了日本社会进一步走向了个体社会。

不过，日本国民也并不都认为一味地指责他人可以解决问题，其中的很多人开始着手对已经来临的个体社会做准备，各类“塑造自我”书籍的畅销，正是这种准备的体现。

从《B型的自我说明书》到《怦然心动的人生整理魔法》，从《就在你所在的地方生根开花》，从《不被医生杀死的47条心得》到《家庭这样的病》，俯瞰从2008年到2015年的日本畅销书，通过这些散乱反射社会状况的历史细节，应该可以从畅销书这个层面把握日本社会变化的脉搏。而这样的阅读，对每个读者来说都会有一定的借鉴作用。

补论：战后日本社会的思想基轴

1.“和平痴呆”

自二战结束到2015年，日本享受了70年的和平。这本身堪称一个奇迹，因为就在这70年里，我们所在的地球一直没有停止过战争。这个世界上已经没有世外桃源，日本的这种长期和平并不是偶然的奇迹，应该说是日本努力争取的一个结果。

在这70年的前半段时期，日本创造了高度增长的经济奇迹。虽然二战让日本满地疮痍，但是日本很快就获得了飞跃发展的机会，就在世界其他地方为民族自立而奋勇斗争的时候，日本有意地全身心地投入经济建设，结果毫无争议地获得了世界第二经济大国的地位。索尼公司从一家街道作坊一跃而成为世界电子行业的领军企业，让日本赢得了世界第一（傅高义）的赞语。而泡沫经济更是让日本感觉到已经身处“最完善的”工业社会（堺屋太一）。那是一个激情高昂的时代，很多人都能感到幸福的时代。不仅员工被终身雇用，而且企业管理层和基层员工的收入差距被控制在10倍以内，使得迅速发展起来的日本并没有出现贫富差别的两极分化，社会发达而和谐，这导致了意识形态上的各种争论都显得软弱无力。战后民主主义导师级的人物丸山真男很快就看破了这种特征，果断地放弃了无谓的论争。另外，日本共产党作为合法的政党长期在国会中占有议席，这也成为西方世界里的“奇葩”。

这样的日本真好啊。虽然有人这样感叹，但是在不知不觉之中，这样的感叹被称为“和平痴呆”而遭到了攻击。

日本社会对“和平痴呆”并没有明确的定义，大概是指长期的和平环境所产生的脱离现实的各种思想。但事实上，“和平痴呆”主要是用于批判那些不热心安全保障的人。

在海湾战争的时候，美国要求日本出钱出力，一起参加。但日本国内却和往常一样对此并不重视。为了排除这样的阻力，日本出现了对“和平痴呆”的批判。虽然日本最终没有派人参加海湾战争，但还是支付了 50 多亿美元的军费。不过，对这样的结果谁都不满意。希望推进战争的人认为“和平痴呆”是只顾自己的和平而不愿为世界和平做贡献；而推进和平教育的人则认为“和平痴呆”忘记了战争带来的悲惨结果。因“和平痴呆”遭受多方面的攻击，反而成为日本社会经常出现的政治术语。

不过，批判“和平痴呆”的人似乎已经忘记这样的“和平痴呆”实际上恰恰是日本争取而来的一种结果。在战后 70 年里，日本并不是与战争彻底无缘，从日本周边到地球的另一端，一直都有战火燃烧，稍有不慎日本就会重新走进战火之中。早在 20 世纪 50 年代初，美国就要求日本重新武装，参加朝鲜战争。但是，日本的吉田茂首相拿出美国人为日本制定的宪法而加以拒绝。后来，20 世纪 60 年代到 70 年代的越南战争，虽然是发生在日本周边的战争，但日本也没有正面参加；90 年代的海湾战争，事关日本经济的命脉石油问题，但日本依然没有正面参加；2001 年以后美国为报复基地组织进行的阿富汗战争，日本还是没有参加。这些美国发动的战争都曾要求日本参与，但日本以和平宪法为盾牌始终没有迈出军事参与的一步，其中的压力非同小可，但日本还是做到了这一点，保持了长期的和平。

攻击“和平痴呆”的人往往会抬出国际形势变化这样的旗号，他们清晰地认识到现在的和平其实并不是和平宪法赋予的，而是靠美国的武力维持的。但随着美国国力的下降，美国将无力继续管理日本从而形成权力的真空，日本为中国或者俄罗斯有可能取代美国而感到害怕。不过，这里有逻辑的破绽。既然美国的武力是和平的保证，那么其他国家的武力为什么不能是新的保证呢？如果要反对将来的新武力的威吓，那么为什么不反对现在的武力威吓呢？对“和平痴呆”进行攻击的人自然十分清楚这一点。所以他们开展了两种运动：一种是要求消除联合国宪章里的“敌国”条款，让日本摆脱战败国的身份，获得与其他成员相同的主权、平等的权利；另一种是他们在日本国内推动宪法的修改，让日本名正言顺地拥有武装力量，成为一个普通的国家。实际上，这才是他们攻击“和平痴呆”的最终目的，而在二战结束之后，这样的种子就已经被埋下了。

这样，攻击“和平痴呆”实际上就是意味着对二战之后日本社会的否定，就是“终结战后体制”的一种表现。这对一直控制着日本的美国来说，有进退两难的难言之痛。

2. 美国对日本的有效改造和控制

二战时期，美国付出了自南北战争以来最大的牺牲才打败了日本。为了巩固这一胜利，美国不仅需要在军事上彻底击败日本，而且还要在心理上彻底击垮日本。由于美国对此作了充分的准备，所以在这两个方面，美国都取得了显著的成效。

在打败日本之后，美国实施了对日本的占领。后来由于国际形势的变化，美国不得已与日本签订和平条约，恢复日本的独立。但这只是形式的独立，美国实际上继续占领着日本。据日本外交官的目击证明①，1951 年在美国旧金山，对日和平条约签字的墨迹未干时，当时的日本首相吉田茂就被带到美军驻地，被强迫签署了日本与美国的安全保障条约，吉田首相意识到，虽然联合国盟军对日本的占领在和平条约签订后就结束了，但是，这份条约则意味着美国事实上单独对日占领的开始。所以，吉田为了不让其他日本的全权代表留下政治上的污点，就一个人签署了这份条约。结果也正如吉田所预料的那样，这份条约事实上让日本不仅放弃了国防的权利，也放弃了外交的权利。

---

① 《寺崎太郎外交自传》2002 年 1 月，非卖品，日本国会图书馆藏。

实际上，被迫放弃了国家主权中的两项主要内容之后，日本只能在美国所创立的国际秩序中一门心思地发展自己的经济。他们从美国引进技术，消化并发展，最后蚕食了美国工业企业的世界市场。在这段时间里，美国曾经多次要求日本派兵参加美国发动的几场战争，但日本都拿出美国人为他们制定的和平宪法为理由而拒绝。由于美国的国力在全球具有压倒性优势，所以他们也能允许日本不出兵参战。实际上美国已经充分满足于事实上对日本的占领，他们把日本当作不沉的航空母舰，并且享受着日本为自己占领日本而付出的包括金钱在内的各种贡献。

为了彻底地改造日本人，美国做了很多准备，包括留下了本尼迪克特的《菊花与刀》那样的研究日本的经典。功夫不负有心人，在这方面，美国取得了巨大的成功。他们让日本产生了180度的大转变，从战前全民皆兵的状态变得人人酷爱和平。但是，在这个巨大成功之下，还是留下了关键的漏洞。美国本想彻底断绝日本军国主义，但因为没有处理好关键问题而功亏一篑。

在二战结束的时候，英国、苏联和中国都曾经要求废除天皇制，但美国认为把天皇列为战犯会导致那些效忠天皇的日本军人起来反抗，所以反对废除天皇制。但是美国人恐怕被新渡户稻造的《武士道》迷惑了。实际上这种武士道与原来的日本武士是毫无关系的明治维新之后的新思想，是明治政府为了巩固对全日本的统治权而刻意宣传的一种东西。事实上，在美国占领日本的70多年前，在日本几乎没有一个武士会为了天皇而战，他们效忠的对象不是天皇，而是他们各自领主的大名。

在江户幕府时代的末期，日本各地的实际统治者的大名因为经济的崩溃而无法维持对武士的管理，变成浪人的武士们在明治新政府找到了工作，很快也就接受了对新政府的效忠思想。也就是说，效忠天皇并不是日本一直传承的传统，那么在美国占领日本之后，也有可能形成新的传统。事实上，麦克阿瑟进驻日本后，尤其是被看到他叉着腰跟穿着燕尾服笔直站立的天皇合影之后，很多日本人纷纷给麦克阿瑟写了对美国的效忠信，这说明当时的日本国民非常清楚谁是日本真正的统治者。

橘玲曾经在他的《(日本人)》一书中披露了美国占领日本之后很多日本人的心态：从日本的政治家、医生那样的精英阶层，到农民、主妇那样的普通大众纷纷给占领军统帅麦克阿瑟写信，争先恐后地表示对美国的效忠。他们不仅要求为美国效劳，甚至还有人要求为麦克阿瑟生孩子。而且这还不是特例，有这种要求的日本妇女有很多。有一个早稻田大学毕业的知识分子还彻底地否定了当时的日本，明确要求美国把日本变成美国的附属国家。

但是，美国没有认清这一点，或者是有意为之，他们非常勉强地把天皇和战争责任分开，保留了天皇制，从而也为日后日本的右倾化保留了基础。值得注意的是，日本的右翼实际上并不在乎天皇本人的意向，比如昭和天皇不去参拜祭祀着甲级战犯的靖国神社，德仁天皇提醒不要忘记“满洲事变”的教训等都被右翼忽视。实际上日本右翼只是利用天皇制作为呼唤日本“强大”的一种依据。

美国人的勉强行为，无法为日本的过去做彻底的了结。但他们的强权也让日本无可奈何，结果日本选择了漠视。他们可以不再提起战前的荣光，但也绝不否定以前的作为。当美国的高压有所缓解之后，他们就用否定东京审判的方式希望终结战后体制，为此，日本还出现了一个叫作“自虐史观”的政治术语，配合“和平痴呆”，用以全面否定战后日本的主流思想。当美国进一步要求日本出钱出力，为自己做马前卒的时候，他们已经变成日本这种右倾思想的支持者和鼓励者了。不过，不知道美国是否清楚，日本这种思想所要战胜的最终目标正是美国自己。

3. 日本社会向哪里去？

社会思想的变动当然会有广泛而深刻的社会基础，当这种基础形成之后，就需要有一种事件作为突破点。2007 年，无正式工作的青年赤木智弘发表的《真想揍“丸山真男”》这篇文章应该是日本社会思潮整体移轴的一种信号。

丸山真男是日本民主主义导师般的人物，与没有正式工作的赤木应该没有思想方面的冲突。实际上赤木也不是真的想揍丸山本人，而是想打破社会既有的秩序。赤木这样的无正式工作的人月收入只有 10 万日元，无法为自己租房独立生活，当然也很难结婚生子，过上正常人的生活。赤木他们并不想偷懒，他们也想好好地工作。但是，他们找不到那样的机会。

由于业绩出现下滑，很多日本企业没有多余资本用来培养新员工，他们只能雇用有工作经验的熟练工。没有工作的人找不到工作，自然无法积累经验，这样，他们也就永远失去了工作的机会。在已经形成的社会秩序面前，无工作的人只能面对继续受穷的命运。他们当然心有不甘，希望能找到打破这种社会秩序的机会。在丸山身上发生的事例给青年赤木看到了希望。

二战末期，时任帝国大学助教的丸山应征入伍，作为二等兵被送到了朝鲜。在那里帝国大学的荣光全部失灵了，丸山不仅得不到相应的尊敬，而且竟然还受到了连中学都没有上过的一等兵的恶意欺负。如果在平时的话，那个一等兵恐怕连和帝国大学助教说话的资格都没有，但在战争这种状况下，日本社会的精英也会被社会底层的人随意欺负，社会的秩序被打破了。以史观今，无正式工作的青年的希望只有战争了。而赤木这篇文章的副标题就是《年轻人的希望就是战争》。

赤木虽然做出这样的呐喊，但他实际上并不希望日本社会真把他送上战场。在战后长期的和平时期里，战争远离日本，战争思想差不多成为一种禁区。这个时候，如果高喊战争口号，必定会引起整个社会的关注。赤木要的就是这样的效果，而不是真正的战争。

但是，赤木没有想到的是，他的振臂一呼，打开了潘多拉的盒子。尽管赤木真正的希望并不是战争，但是，一旦他捅破了这层窗户纸，各种战争论肆无忌惮地传播开来了。

战后美国对日本的设计让日本长期无法发生真正的变化：日本的左派一直反美，但同时一直在维护美国人为日本制定的宪法。而日本的右派虽然亲美，但是却一直对美国人制定的宪法耿耿于怀，修改宪法还是自民党的立党纲领。左右两派虽然在意识形态方面不断争斗，但实际状态还是依旧不变。战后的和平被喻为祈祷和制造出来的美丽神话。

但是，经济的长期低迷让和平的社会秩序出现了危机，有人出来要打破这样的秩序。这也让日本社会发现，虽然美国给日本带来了和平，但是美国同时也夺走了日本的财富，让日本国富消亡。所以，他们立志要终结美国所创立的战后体制。当然，美国也不会简单放手。随着安倍晋三很快失去首相宝座，终结战后体制的口号也被迫放弃。但是，这绝不意味着日本社会也放弃了终结战后体制的努力。随着安倍第二次出任首相，日本改变了方式，祈望在美国的保护之下，发展终结战后体制的力量。不仅包括军事武装，而且还包括思想武装。

二战结束后，为了防止日本军国主义死灰复燃，美国对日本的国家神道进行了严格的封杀。但是，70 年后，2016 年美国总统奥巴马带领西方主要国家首脑在安倍首相的陪同下参拜了伊势神宫。这是一件非常值得注意的事，参拜国家神道的总部神社，实际上是希望终结日本战后体制的右翼取得的重大胜利，其意义非常深远。无论奥巴马如何考虑，日本已经非常巧妙地获得了美国对日本努力终结战后体制的认同。这次参拜就是这样非常典型的象征，它真正地拉开了终结战后体制的大幕。

4. 日本社会思想整体移轴的典型

由于日本社会思想整体移轴是如此明显，以致我们可以比较容易地找到这种移轴的象征性事例。日本社会对小说《永远的0》的态度变化，可以说是典型地反映了日本社会思想整体移轴的实际状态。

这本小说描写了二战日军神风特攻队员的事迹，使用的是战后长期被禁止的用语。这些都是在一个很长的时期里被认为是日本主流思想的对立面的东西，所以，在小说完成之后，却没有正规的出版社愿意出版这部小说。当然，出版社不愿意出版这部小说与经济有很大的关系，因为这类战争小说通常没有市场，卖不出去。

后来作者百田尚树托人找关系，总算有一家亚文化系的出版社答应出版，不过，当时考虑目标读者都是五六十岁的喜欢战争题材的男性读者，可能市场非常小，出版社能收回成本就万事大吉了。但是没有想到，这部小说问世之后，却慢慢地获得了读者的认同。出版社对有市场的读物当然有兴趣，到 2009 年，日本代表性出版社之一的讲谈社获得了这部小说的文库本（小开本）出版权，彻底改变了这部小说的命运。实际上这部小说很好地刺激了大众的欲望、野心和怨念，是一部能够唤起战争愿望的大众娱乐小说。这为小说的畅销打下了基础。正如日本演员兼作家的儿玉清解说这部小说时所指出的：在日本社会已经变成把一切责任对推卸给别人，大家都在发牢骚的今天，在利己主义可以堂而皇之地横行于日本的现在，我们应该如何评价太平洋战争中宫部久藏的所作所为呢？男人爱女人的心情和责任，男子汉应该有的样子，爱到底是什么。我们可以通过宫部久藏思考很多问题。

在讲谈社的运作下，这部小说很快成为畅销书，到 2015 年，这部小说累计销售超过了 500 万册，成为近年来日本销量最多的一本书。

最早的时候，这部小说默默无闻，并没有引起大家的注意，当这部小说开始畅销的时候，日本社会对它的各种反响都是让作者感到不愉快的批判。百田尚树在自己的推特上大倒苦水：

《永远的0》怎么看都是一部可怜的作品。文学爱好者认为这是一部轻型小说而看不上它；军事迷们认为这部小说是抄袭作品；右翼因为这部小说批判了日本军的上层而愤怒；而左翼因为这部小说赞美了战争而非难它，宫崎骏导演还认为这部小说是捏造的故事而进行了诘难。具有自虐思想的人认定作者是网络右翼而进行了批判。这部小说真可谓受到了全方位的集中炮火。

这段话如实地反映了这部小说在比较早的时候并没有得到大家的赞扬。不过，随着作者的政治立场越来越明确，这部小说也越来越畅销。而作者百田尚树与安倍晋三有了接触之后，这部小说更是迎来了一个人气的高潮。读了这部小说后，安倍非常“真切地”受到了感动。结果，因为太过感动，安倍还和百田一起为杂志做了对谈节目，后来还将对谈内容集合成册专门出版。最后，在安倍的推荐之下，百田还当上了 NHK 的经营委员。NHK 是靠日本国民缴费而运营的公共媒体，应该持有公正公平的立场，但是，为了配合安倍的政治主张，NHK 的经营出现了明显的偏颇，而百田更是肆无忌惮地发表了种种符合安倍政治主张的观点。日本的公共媒体原来的种种禁忌被百田他们轻易打破了，NHK 也成为安倍政治主张的宣传阵地。连无国界的记者也看不过去，从而大幅度地降低了对日本国内媒体报道自由度的评价。

由于 NHK 在日本具有的权威影响力，百田他们的政治立场也在慢慢地给日本社会带来严重的影响，这部小说所宣扬的思想开始成为日本社会的主流思想。而这部小说也相得益彰，变得更加畅销。第二届安倍内阁的官房参与、右翼论客藤井聪也不得不承认，从无人问津到洛阳纸贵，从差点出版不了到创纪录地畅销，这部小说无疑就是日本“右倾化”（社会思想整体移轴）的象征。

在百田的主张逐步成为日本社会主流思想的时候，社会评论家山崎行太郎指出：

这部小说让一般的老百姓作为消磨时间的读物似乎没有什么不合适。但是，作为一个国家领导的安倍首相，竟然为这些让人掉便宜眼泪的读物所真切地感动，那就真的让人不理解了。可以说，安倍首相的政治行为的水平也就是《永远的0》这部小说的水平了。以前，日本的政治家所喜读的小说是司马辽太郎的《坂上白云》和《龙马传》等，从那个时代开始，日本的政治就开始劣化。国民是不应该把国家的命运寄托在那些尊敬坂本龙马的政治家身上的。但是，到了安倍首相这里，竟然和百田尚树臭味相投，这样还能让人放心吗？不会是噩梦重来吧？

| 第一章 |

死亡圣器

第一节　见证日本之 2008：变字当头

日本国民的“奥巴马惊奇”

这一年日本选出的年度汉字是“变”。

选择这个字的理由之一是美国的奥巴马以“高呼变革”的口号当上了美国总统，但是，很多日本人看到黑人能当上美国总统老觉得有些别扭。在日语里，这个“变”字除了有变化、变革的意思之外，还有奇怪、怪异的意思。选择“变”这个汉字大概也意味着奥巴马当总统让日本感到“奇怪”多于“变革”。

实际上，每一个总统候选人在竞选时提出他自己的政治主张，都可以说是在“变革”，况且当初克林顿也是以高呼变革的口号当上美国总统的。所以，日本国民可能并不在意美国总统的变革口号。但是，他们更没有想到这个美国历史上破天荒出现的黑人总统的变革居然会落实到日本头上。第二次世界大战之后，为了让日本永不翻身，美国对日本国民的精神进行了改造，尤其是对作为军国主义精神支柱的日本“神道”进行了严厉打击和限制。没有想到，美国的奥巴马总统却为日本神道的重新复活大开绿灯，这无疑是美国的一个巨大变化。而这一变化实际上也是日本的变化。在日本，本来那些强调“美丽的日本”的政治主张都被当作右翼而遭受批判，但后来，这些主张反而逐步变为日本的主流思想。2016 年 5 月，奥巴马总统及西方各国家首脑在安倍晋三首相的陪同下参观伊势神宫，无论他是否意识到，这实际上就是默许了日本社会思潮的整体移轴。

然而，在 2008 年，日本并没有做好面对奥巴马的准备。日本媒体也似乎找不到合适的表达方式，NHK 电视台只能反复播放长崎县小浜温泉的庆祝场面。仅仅是因为日语“小浜市”（おばまし，Obama-shi）的发音接近奥巴马的读音，就一下子让小浜和奥巴马产生了联系，真不知是攀亲呢还是调侃？如果日本国民也有美国总统的投票权的话，情况会怎样呢？当然这也不是毫无意义的假设，因为长期以来日本就有美国“第 51 州”的别名，日本国民拥有美国的投票权或许只有一步之遥。

奇怪的事在日本国内也有发生。日本是台风的通道，每年台风都要光顾。台风既给日本列岛带来充沛的雨水，有时候也会带来重大的灾难。2008 年一共形成了 23 个台风，但是却没有一个台风登陆日本。这也是几十年一遇的罕有现象。但是这与百年一遇的、深刻的金融危机相比，似乎就显得有点微不足道了。

此外，2008 年，芝加哥大学的名誉教授南部阳一郎等 3 名日本科学家获得了诺贝尔物理学奖，他们对构成物质最小单位的素粒子的研究获得了学界的高度评价。另一名日本科学家波士顿大学名誉教授下村修，因为发现了水母的荧光蛋白质而获得了诺贝尔化学奖。时隔 6 年，日本科学家再次获得诺奖，而一年中有 4 名日本人获诺奖也是创了纪录。或可以说，这是积极意义上的“奇怪之事”。

金融危机阴云压顶

美联储原主席格林斯潘曾形容美国在 2008 年面临的金融危机是百年一遇的危机。这句话随着雷曼兄弟的破产，以及金融危机波及全球而被到处引用。隔岸观火的日本也很快地被卷入这次危机，但是在这场百年一遇的金融危机还没被“金指头”点破时，日本仍然对自己的经济复苏非常乐观。

1 月 2 日，纽约商品交易所交易员理查德 · 阿伦斯为了一举成名，以每桶 100 美元的期货价格挂单 1000 桶原油，这个最终成交价格让原油价格历史性地突破了 100 美元，不仅立即震动了原油市场，同时也导致了美国股市又一次应声大跌。而在两天后开盘的日本股市也没能幸免于难，当天日经平均股价下跌 616 日元，创造了自 1949 年以来新年股价的最大跌幅。然而，这只是股价下跌的一个开始。随着金融危机的爆发，美国股价狂跌，日本的股价也随着大幅下跌。10 月 22 日，自 2003 年以来，日经平均股价再次跌破 8000 日元。不到一年的时间，日本股价下跌了近 50%，股市蒸发了 200 多万亿日元。

然而，对日本经济来说，更为惨痛的是国内生产因为脆弱的产业结构没有得到改善而受到重创。2000 年以后，日本经济进入缓慢的增长阶段，但是到 2008 年，日本 GDP 增长从前几年平均 2.1% 变为 –1%。危机震源地的美国在 2008 年第四季度的工业生产减少了 3.2%，但同时期日本的工业生产竟然减少了 12%，可以看出日本的工业受到的打击远比美国大。更要命的是，日本长期以来由于内需不足，需要依靠出口来弥补的这种脆弱的产业结构没有得到改善，日本经济很难在短期内走出危机的阴影，面临的将是比美国更严峻的形势。

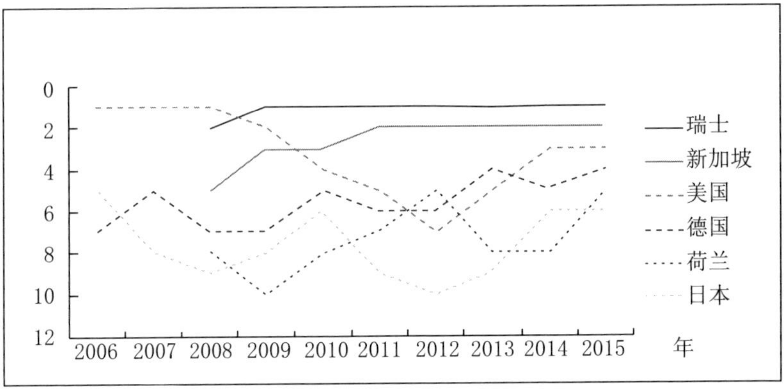

图 1　WEF 国际竞争力排名

资料来源：世界经济论坛（WEF），日本经济产业省

日本企业竞争力的衰退如实地反映了日本经济的状况。2 月，由于在新一代 DVD 规格竞争上落败，东芝不得不宣布撤离 HD DVD 市场。三菱电机宣布停止生产手机，从这个蒸蒸日上的市场撤离。不过，日本企业竞争力衰退的典型恐怕还是索尼公司宣布停止生产他们的拳头产品“单枪三束管”，即我们所熟悉的特丽珑阴极映像管。从 1967 年开始生产的特丽珑阴极映像管的成功让索尼品牌成为世界最高级的电子品牌之一。现在，特丽珑阴极映像管的停产也让索尼走下了神坛。

金融危机下，日本经济每况愈下，企业竞争力不足，员工的处境也更加困难。为了保护正式员工的利益，日本人才派遣协会原则上禁止向制造业企业派遣 1 日雇佣的临时工。但是，这样的方针虽然保护了正式员工，却也让非正式员工处境更加困难。而也就是在这一年，出现了日本企业大举裁员的浪潮。日产、丰田、本田和马自达等日本主要汽车企业都宣布大量削减正式员工，同时减少非正式员工的雇佣。

其他宏观经济方面，可以观察一组数据：2008 年住宅建设开工率比上一年增加了 3.1%，是时隔 2 年后出现的增长。汽车的新车销售增长率比上一年减少了 5.1%。百货商店和超市的销售增长率都已经连续

12 年负增长。在劳动和雇佣关系方面时隔 6 年开始恶化，2008 年的年平均失业率为 4%，12 月的失业人数是 270 万人，比上一年增加了 39 万人。

日本政坛地震不断

2008 年，《京都议定书》为发达国家所制定的减排第一承诺期开始，不过，世界上最大的二氧化碳排放国美国早在 2001 年就拒绝批准《京都议定书》，给日本主导的全球减排活动带来先天性缺陷。

5 月，中国国家主席胡锦涛访问日本，会见了日本天皇，并受到了福田首相的热情款待。上一次中国国家主席访问日本还是在 10 年前。虽然 1 月发生的中国产冷冻饺子混入农药事件给中日关系投下了阴影，但是胡主席访问了东京、大阪和奈良，促进了中日友好关系的发展。6 月，中日达成了共同开发东海天然气的协议，使中日关系持续升温。

6 月，日本国会参议院通过了对福田首相的问责决议。这是日本国会历史上第一次通过问责首相的决议。虽然日本参议院并没有让首相下台的权力，但是该决议对首相的压力还是不容小觑。9 月，从突然辞职的安倍晋三手上接任的福田康夫在一年后也突然辞去首相职位。由于这一届众议院的任期只剩下最后 1 年，执政党的支持率并不高，接任首相的麻生太郎也可能是一个短命政权。日本将再次进入频繁更换首相的动荡期。

在 2008 年初的大阪府知事选举中，桥下彻律师当选为新的大阪府知事。对电视节目名人的桥下来说，这只是一个新的起点，在之后的数年中，身在大阪的桥下搅动着日本政坛，形成了巨大的政治旋涡。

执政的自民党提名时任日本银行副总裁的武藤敏郎晋升为第 30 任日本银行总裁。本是副总裁的武藤，再提升一级似乎没有问题，但是以民主党为首的在野党正极力反对官僚政治，而财务官僚出身的武藤，曾经担任过财务省最高官僚的次长职位，所以，在野党就以反对官僚的名义坚决反对武藤升任总裁，一直到前任总裁福井俊彦任期终了时，日本国会还没有就日本银行总裁的人选达成一致，造成日本战后第一次出现日本银行总裁空缺的局面。

学者出身的白川方明似乎在此次事件中“渔翁得利”，本来的人事方案中，白川只是副总裁的人选，但是，执政党几次三番提出的总裁人选都因为官僚出身的背景而被在野党否决。作为日本中央银行的日本银行不能没有总裁，所以，执政党不得不推举学者出身的白川来接任总裁职位，这样白川连续跳两级，成为了日本银行总裁。

就在日本银行人事纠纷之际，日本的利率政策接二连三地下跌，最终跌到 0.1% 左右，可以说恢复了零利率政策。这也意味着日本经济已经再次出现滑坡。

第二节　社会思想的整体移轴：无法停止寻找自我

迷失的年轻一代：希望战争

2007年，一位叫赤木智弘的无固定工作者大声宣告：我的希望就是战争。

大家都会说我们“找一份正式工作好好去做不就好了吗”，但是，找到正式工作的可能性到底在哪里呢？

我们离开学校的时候正是日本泡沫经济崩溃的时候，我们从一开始就什么都没有得到。失业者还有过机会，而我们在离开学校的时候，劳动市场就对我们关上了大门。在泡沫经济崩溃后的日本社会里，企业也好，劳动者也好，都只考虑如何从那个阴影中逃离出来。企业整天考虑如何削减人工成本，工会为了确保员工不被裁员而放弃了加工资的要求。基于这种需求，企业和工会终于在尽量不录用新员工方面达成了一致，哪怕是在开拓新业务的时候，企业也尽量不录用正式员工，而用临时工。

结果，日本社会对那些恐惧被裁员的中老年人给予了同情，但对那些找不到正式工作，只能打打零工的年轻人毫不关心。他们根本没有想到年轻人从一开始就找不到工作这种状态本身就是一个很大的问题。

赤木智弘是一个过了而立之年的“年轻人”，一直没有找到正式的工作，每天晚上出去打零工，是一名典型的“自由人”。当然，赤木并不想这样过下去，他梦想着能够早日存下 100 万日元，结婚生子。问题是他想努力工作，但是却得不到机会。而且，还得不到社会的同情。实际上也确实如此，日本社会已经没有宽裕金钱和资源来帮助和同情像赤木这样的无固定工作的“自由人”了。在这些无固定工作的年轻人看来，日本社会是被既得利益的中老年人所把持着，政府和企业出台的各项制度首先都是考虑他们的利益。他们会想方设法地安排中老年人去再就业，但对年轻人却要求有工作经验。没有工作机会哪能积累工作经验呢？实际上这就是拒绝这些年轻人的最好借口。所以，没有工作经验的年轻人就被永远地拒绝在正式工作的大门之外。

如何解决这些问题呢？赤木智弘给出了他的答案：

> 非常简单，就是将日本军国主义化，挑起战争。那样的话就会死很多人，日本社会就会流动。很多的年轻人应该都是那样希望的。

一石激起千层浪，希望战争的主张引起了日本社会的巨大反响。已经享受到和平带来的多种好处的人当然对赤木的希望惊讶不已，感到事态的严重性。同时，之所以会产生如此巨大的反响，是因为能够如此大胆地向社会大声说出不满的年轻人在日本社会里几乎没有，日本更多的“自由人”没有对社会抱怨，反而是不断地对自己提出疑问，结果，他们只好背起背包，踏上寻找自我的旅程。

“寻找自我”是这个时代的一个关键词。

自由撰稿人速水健朗在他 2008 年出版的《不停止寻找自我》里如是指出：这种说法并不夸张，在日本现代社会里，弥漫着这样的空气。不仅是无名的年轻人，即便是非常成功的著名人士也在不停地寻找自我。日本人气足球运动员中田英寿就是这样的成功人士，他在参加完德国世界杯之后，就发表了一篇题为《人生是旅程，旅程是人生》的文章，向广大球迷，也向世人宣告他要踏上新的寻找自我的旅程。

人们认为像中田英寿这样著名的运动员应该不需要再去寻找自我，因为他们通常在退役之后都会与原来的职业保持着千丝万缕的关系。中田完全可以作为教练留在足球场上，也可以作为官员跻身在足球协会里，或者可以作为解说嘉宾出现在比赛的电视转播节目中。然而，中田却不喜欢那样做，他要离开足球圈。从 8 岁的那年冬天在日本山梨县一个偏僻小学的寒冷操场上中田开始了他的足球旅程，从那以后，足球给中田带来了无尽的欢乐，几乎成了他生活的全部。从小学足球队一直到日本国家队、欧洲俱乐部队，中田的足球生涯一帆风顺，他成为日本最为成功的足球运动员之一。但是，中田突然说：

并不是有什么特别的事，也没有什么特别的理由。现在可以说的就是我将要从职业足球的旅程中毕业，走上新的寻找自我的旅程。

作为职业运动员，中田从球场上消失了。作为知名人士，中田从镁光灯下消失了。后来时不时地会传出一些消息说，中田英寿正在亚洲的某个地方寻找着全新的自我。

我们无法判读到底是寻找自我的风潮影响了中田英寿，还是中田的寻找自我影响了日本的青年。总之，寻找自我在日本蔚然成风，已经成为这个时代的特征。

为什么日本人不能停止寻找自我呢?

速水健朗针对这个问题提出了一个假设，就是日本现在的劳动环境无法满足日本人的需求，使得他们不得不“出发”去寻找自我。这个假设应该是切入了实质。这可以从日本泡沫经济前后日本人的生活环境得到印证。

日本著名的女性主义学者上野千鹤子认为 80 年代的“寻找自己”是一个用消费来实现自我的时代，也就是说通过购买与众不同的物品来显示自己的独特性。当时日本有名的“西武百货商店”就使用了“自己，新发现”的广告词，形象地表达了希望通过消费来实现自我的年轻女性的心理。日本的很多企业、广告公司都盯着这部分消费能力极高的年轻女性，各种产品的推广也都是针对这部分人群来策划的。但是，随着泡沫经济的崩溃以及此后日本经济的长期低迷，这部分消费能力极高人群的消费水平也发生了巨大变化。通过消费来实现自我的基础发生了变化，她们的收入所得大幅减少了。2000 年以来，日本人的平均收入下降了 10%，同时，非正式员工的比例上升到超过 30%，尤其是年轻人，就职难一直困扰着他们。那些找不到正式工作又没有工作经验的年轻人，哪怕是每天都努力干上一天的活，他们平均年收入也只有区区 140 万日元，平均下来一个月不到 12 万日元，这基本上就没有能力在外面租一间公寓独立生活。所以，也根本谈不上通过消费来实现自我。

在泡沫经济崩溃之后，日本陷入长期的通货紧缩状态，经济出现负增长。企业为了经济效益，往往愿意录用经验丰富的员工，而不愿意录用那些刚刚离开大学没有一点工作经验的年轻人。但是，具有丰富工作经验的人也是从零开始一步一步走过来的，年轻人不可能马上具备那些企业所需要的宝贵经验，而没有经验的他们得不到工作机会，自然也就无法积累经验，没有经验也就无法得到工作机会。这些年轻人在无形之中就被社会隔离开来，他们没有办法融入社会。

迷失的家庭生活：家庭饭桌的警示

个体社会的特征在家庭中也越来越显现出来。

在广告公司工作的岩村畅子对日本家庭的饭桌进行了一系列的调研后发现越来越多的日本家庭不再一起吃饭。哪怕是在新年元旦的时候，大家都在家里，但很多家庭也不会吃一次团聚的饭。

如果是平时的话，因为上班上学等原因，家庭成员较难聚在一起吃饭那还情有可原，但是新年应该是日本家庭团聚，享受美食的时光。

而令人意想不到的是很多日本家庭在元旦的饭桌上摆出来的是从超市里买来的面包、馒头、饭团以及速溶咖啡等现成的食物。日本过年往往会准备传统的御节料理全家一起享用，但岩村在调查中看到，很多家庭没有准备御节料理，而不准备御节料理是因为很多家庭主妇已经不会做那种传统料理了，之所以不会做主要是因为她们不想学，她们已经习惯于父母给她们准备那样的传统料理了。然而，不准备御节料理还不是关键，关键的是谁起床谁就先吃，吃完就去做自己的事。即便是准备了御节料理的家庭也是一样，只是把食物放在桌上，家里人都是在自己想吃饭的时候来挑一些桌上的御节料理一个人吃，对他们来说，是否要和大家一起吃饭根本就不是一个问题。大人也好，孩子也好，他们都在自己想吃饭的时候吃饭有什么不好呢？为什么一定要等大家聚齐了再吃呢？

实际上在这里还不用感叹日本传统文化的消失，需要看清的是在日本已经有一半的家庭失去了团聚在一起吃饭的习惯。饭桌显示了现代日本家庭的真实情况。

在现代的家庭里，大家起床的时间和就寝的时间都不一样，吃的食物和时间也都不一样，就是在休假的时候，想做的事、想去的地方也还是不一样。这样的生活习惯实际上形成了家庭成员都是以自我为中心的思维方式，不仅孩子是那样，家长也是那样。所以，就算是在新年这样重要的传统节日，家庭成员也在尊重个人自由的思维习惯下，自然而然地放弃了大家团聚一起吃饭的习惯。

家庭成员在一起吃饭的机会越来越少，父母和孩子们在一起相处的时间就更少了。现代的父母基本不再向孩子传授一些生活上的经验，那些孩子应该学的东西，父母们都认为是幼儿园、学校应该负责的事，甚至把这些事推脱给祖父母，也有人认为电视节目可以帮助孩子获得那些知识。总之，在尊重个人自由的思维下，现代的父母会把传统上家庭应该承担的责任都从家庭里排除出去。同时，很多父母害怕在教养方面对孩子过多的干涉会引起孩子的不满，从而造成家庭间的冲突，所以，父母们因为怕麻烦而在教养方面也睁一只眼闭一只眼，不去干涉。

在很多日本家庭里，家庭成员之间互相尊重个人的自由，从而形成了都是以各自为中心的生活习惯，从某种意义上说，正是“以各自为中心的生活习惯”让大家生活在同一屋檐下，这也是维系现代日本家庭的关键点。而这样的家庭逐渐成为日本的普通家庭，这让做调查的岩村畅子不禁不寒而栗。她把调查报告结集成册，名为《普通家庭最恐怖》，希望能从日本家庭饭桌上的变化给人们以警示。

迷失的宽松式教育：学力低下

当家庭把教育孩子的责任全部推给学校的时候，日本的学校却在推行减轻学生负担的宽松式教育。不过，引进宽松式教育也是日本从过去的教育中发现问题之后所采取的一种应对。

日本战后从废墟上重建，一直保持着追赶的姿态，他们的教育采用的是填鸭式的方式，尽可能地让学生多学一点。到了70年代以后，填鸭式教育的缺点逐步显现，死记硬背并没有让学生真正掌握他们所学到的知识，反而让生活在比较富裕时代的学生感到厌烦，更重要的是填鸭式教育扼杀了学生的想象力，无法培养他们的创造力。由于“考一流大学，进一流公司，过一流生活”的思维深入人心，而相应的填鸭式教育所带来的最大成果就是激烈的考试竞争。考试几乎成为学生学习的目的。

过度的考试竞争也让学生变得暴躁，校内暴力、学生之间的欺凌以及拒绝上学的问题越来越严重，而因为欺凌问题导致学生自杀则把校园内的问题曝光到了整个社会之中。鉴于填鸭式教育带来的各种问题，日本从80年代之后开始引进宽松式教育。

所谓的宽松式教育就是削减死记硬背的时间，让学生有更多的自由时间去学他们想学的东西，让孩子们有时间去思考，培养他们自我管理的自立能力。如果说填鸭式教育的重点在于学习知识，是知识重点型的教育方针，那么宽松式教育的重点就是培养思考能力，是一种经验重视型的教育方针。1985 年，中曾根政权的临时教育审议会提交了重视个性、终身学习、应对国际化、信息化等基本内容的宽松式教育方针。1992 年之后，日本的中小学再次大幅减少了授课时间和授课内容，到 2002 年之后中小学完全实行双休日制度，再一次削减了授课时间和内容，同时还创设了综合学习时间，即让学生自己寻找课题。另外，也引进了不与其他学生相比较的绝对评价方式，使宽松式教育得到进一步发展。虽然日本的教育界、经济界都非常支持这样的宽松式教育，但这样的教育方式依然没有达到给孩子松绑的目的，考试依然像战争那样紧张激烈，欺凌问题也没有得到有效的解决，同时宽松式的教育还带来了学生学力低下的新问题。

学力低下在日本引起了广泛争议。虽然也有学者对日本学生学力低下这个问题本身还有疑问，但国际上的一些调查比如经济合作与发展组织的国际学生评估项目（PISA），国际数学和科学评测趋势（TIMSS）都显示了日本学生学力低下的问题。

在这样的情况下，日本国内对宽松式教育发出了质疑，很多人要求恢复填鸭式教育方式。第一次安倍内阁开始了对宽松式教育的修正，内阁府教育再生会议建议增加学习时间和学习内容。2009 年之后，时隔 30 年，日本的中小学重新增加了授课时间和授课内容，而作为宽松式教育象征的综合学习时间则被大幅减少了。而这种修正对日本学生的学力提升起到了明显的作用。

当年十大新闻

- 发生了从中国进口的饺子中毒事件
- 福田康夫首相突然辞职，麻生太郎接任首相
- 南部阳一郎、小林诚、益川敏英获得诺贝尔物理学奖，下村修

获得化学奖

- 日本选手在北京奥运会获得 9 枚金牌
- 日本东京秋叶原发生无差别杀人事件，造成 7 人死亡，10 人受伤
- “后期高龄者医疗制度”开始实施，然而保险费用的上涨招来民众批判
- 连续发生两起日本原厚生省次官住宅袭击事件，有 2 人死亡，1 人重伤
- 受金融危机影响，东京股市创泡沫经济崩溃后最低价格
- 日本岩手县和宫城县发生 6 级地震，17 人死亡
- 八国集团首脑会议在日本北海道举行，公布二氧化碳减排的长期目标

第三节　畅销书之 2008：流行 · 个性

2008				
排名	书名	作者	出版时间	出版社
1	ハリー・ポッターと死の秘宝 《哈利 · 波特与死亡圣器》	J.K. ローリング 松岡佑子 訳	2008 年 7 月	静山社
2	夢をかなえるゾウ 《梦象成真》	水野敬也	2007 年 8 月	飛鳥新社
3	B 型自分の説明書 《B 型的自我说明书》	Jamais Jamais	2007 年 9 月	文芸社
4	O 型自分の説明書 《O 型的自我说明书》	Jamais Jamais	2008 年 8 月	文芸社
5	A 型自分の説明書 《A 型的自我说明书》	Jamais Jamais	2008 年 4 月	文芸社
6	ホームレス中学生 《无家可归的中学生》	田村裕	2007 年 9 月	ワニブックス
7	女性の品格 《女性的品格》	坂東眞理子	2006 年 10 月	PHP 研究所
8	親の品格 《父母的品格》	坂東眞理子	2008 年 1 月	PHP 研究所
9	AB 型自分の説明書 《AB 型的自我说明书》	Jamais Jamais	2008 年 6 月	文芸社
10	脳を活かす勉強法　奇跡の「強化学習」 《活用脑子的学习方法》	茂木健一郎	2007 年 12 月	PHP 研究所

资料来源：株式会社トーハン[①]

作为哈利 · 波特系列最后一本的《哈利 · 波特与死亡圣器》取得

① 偏者注：本表内容为追求准确性，仅书名做翻译，其余皆为日文原文，其后同。

惊人的销售纪录。在美国第一版就销售了1200万册。到2008年6月，这本书在全球的销量已经突破了4400万册。喜欢追风的日本读者自然也不甘落后，这本书于2008年7月在日本出版后，只用了半年时间就把其他书籍甩到了后面。

但是日本读者不能永远忘我地去追求流行，他们需要回过神来看现实。这一年有一个比较突出的现象，那就是宗教类书籍没有挤进畅销书榜前十名，比如池田大作的系列著作《新人间革命》，从1998年出版发行以来一直排在畅销书榜的前十名之内。这并不是池田突然失去了粉丝，实际上他们教团的存在一直保证了池田著作的畅销。这一年因为出现了一套新型的自我说明类书籍占据了畅销书排行榜，从而把池田的著作挤出了前十位。

从《B型的自我说明书》开始，一直到《AB型的自我说明书》，各类血型的说明书前后有4本，把各类血型都说了一遍，而这些书都非常畅销，分别进入畅销书榜的前十名。截至2008年8月，血型自我说明书系列累计销售超过了350万册。街头巷尾大家都在谈论血型和性格的关系。日本为什么会有这样的现象呢？是这种血型说明书说得非常准确吗？但是从书中最后的结论来看，并不能很好地说明血型和性格的关系。那么是因为日本人太关注血型和性格相关的话题吗？显然也没有什么说服力。自我说明书系列大卖的最主要原因就是“如何认识自己”，实际上也就是寻找自我的另一种表现。

虽然血型说明书本本畅销，但是这一年还有比这套书籍更加畅销的书，排在畅销书榜第2名的是一本励志性书籍：《梦象成真》。有关成功法则的书层出不穷，但是没有多少人是因为读了成功法则的书而获得成功的。这是为什么呢？针对这个很多人都抱有的疑问，《梦象成真》号称能解决这个问题，自然就吸引了很多读者。《梦象成真》因此获得了成功，从琳琅满目的励志性书籍中脱颖而出。

《哈利 · 波特与死亡圣器》

作者：J.K. 罗琳
出版时间：（日文版）2008 年 7 月

【出版解题】

2007 年 7 月，英国女作家 J.K. 罗琳推出了她所创作的魔幻小说《哈利 · 波特》系列中的最后一卷《哈利 · 波特与死亡圣器》，再一次引起了全球性的哈利 · 波特热，在美国第一版就印刷了 1200 万册。很多狂热的读者为了尽早读到这本书，通宵排队，挤爆了书店。一年之后，同样狂热的一幕在日本重演。第一版 180 万册刚刚上市就立刻加印了 5 万册。

《哈利 · 波特》全部 7 卷的日文版都是由静山社松岗佑子社长翻译出版的。静山社是一家设在一个公寓房间里非常微小的出版社，在经营这家小出版社的丈夫去世之后，松岗接手了这家出版社，口译出身的松岗为了让出版社继续生存下去，准备从翻译外国出版物找突破口。她幸运地遇到了刚刚出版的《哈利 · 波特》第 1 卷。松岗一见倾心，决心翻译出版这部梦幻小说。当时有几家日本出版社在争夺《哈利 · 波特》的日文翻译出版权，静山社这样的微小出版社之所以被幸运地选中，应该和罗琳写作出版这部处女作的经历有关，虽然罗琳激情满怀地完成了书稿，但英国却没有一家大型出版社愿意为她出版，最后只有一家小出版社愿意出版。同病相怜的结果，让这家日本微小的出版社开始了出版世界最畅销书的历程。

微小的出版社承担如此大任确实有些勉为其难，事实上，松岗虽然是口译出身，但完全没有文字翻译的经验。翻译绝对不是懂得外语就能胜任的工作，而是一门非常专业的技术，也需要很高水平的教养，还需要翻译者坚忍不拔的毅力。为了把罗琳的文章确切地翻译成日语，松岗读破了原作，反复尝试了合适的文字和文体。深受感动的罗琳后来在松岗读破的原作上签名留言，表示了感谢和激励。就这样，松岗一边翻译一边学习，最终完成了全部 7 卷的翻译和出版工作。据日本全国出版协会的统计，截至 2008 年 8 月，《哈利 · 波特》全部 7 卷日文版累计销售 2360 万册，金额超过 650 亿日元。松岗和她的出版社也都因此获得不菲的回报，静山社也就从一个公寓房间搬到市中心一所幽雅的办公楼房。

历时 10 年完成的《哈利 · 波特》描述了哈利的成长历程，罗琳曾经说过，她想叙述的就是哈利作为一个孤儿，在没有父母的干涉和束缚的状态之下，依靠自己的能力不断成长的历程。这种孤独地奋斗，与孤独地翻译出版这套系列的松岗不乏重合的部分，也与一直在孤独中奋斗的日本读者们的精神有不少重合之处。正如松岗指出的那样，罗琳描写了很多活生生的人物，而这些人物竟然有许多和自己非常像。读者在阅读过程中把自己与小说中的人相互置换不失为一种乐趣。而这种想法是不是可以解释为什么《哈利 · 波特》在日本也非常流行呢？

【读者反响】

笔名“治磨十妈妈”的读者这样写道：家里的孩子竟然一口气读完《哈利 · 波特》，让人大吃一惊。这在孩子们越来越不喜欢读书，连政府的政策都开始用漫画来推广的时代，一口气读完这本1000多页的小说，的确是一件令人惊讶的事。不过，贪读这本小说并不是儿童的专利，一位把艾玛·沃特森当作自己女儿一样喜爱的中年读者也如饥似渴地阅读了这本小说，他说：

虽然到这个年龄已经不好意思夹着这本小说在大街上昂首阔步，但是，从读了第一卷开始，就再也放不下了。不仅读完了全部7卷，而且，还在上班的空隙时间，溜进电影院看了所有的《哈利·波特》电影。呵呵，如果被公司发现，当心被炒鱿鱼。

另一位读者认为其实不必这么吃惊，因为这并不是一部普普通通的魔幻小说，如果认为这是一部儿童小说的话，那就大错特错了。这是一部含义深刻的小说。

那么，这部小说究竟是怎样一部含义深刻的小说呢？日本亚马逊网站上有读者是这样解读的：在小说《哈利·波特》里，作者把很多现实世界的问题糅合进来。比如，不同文化之间的理解问题、家庭暴力、奴隶问题、人种差别、性少数问题等等。这些问题无一不是现实世界中所面临的困难重重的社会问题。小说中穿插的这些问题当然会对读者，尤其是幼小读者产生深刻的影响。

有位读者是这样询问的：

从这套小说第一卷出版时就开始阅读的孩子，读到最后一卷时已经从10多岁的孩子成长为20岁出头的年轻人了。受这套小说的影响，他们的个性、人格具有什么样的倾向呢？这是一个饶有兴趣的问题。他们是不是具有小说中反对各类差别、喜好多样性、对失败者持有宽容心的心态呢？或者反而变得像伏地魔、食死徒那样的人了呢？或许也有可能读完之后没有受到什么影响，什么变化也没有。总之，哈利的魔法对我们的现实生活到底带来什么样的影响会逐步明朗化的。

对这样的问题，笔名“韮泽”的读者引用美国 *Journal of Applied Social Psychology* 杂志上的学术论文，指出：读过《哈利·波特》的读者一般很难具有歧视差别少数派的思想。这样的倾向被一些学术研究所证明。这说明，随着读过《哈利·波特》的读者的成长，世界会被建设得越来越美好。如果真的是那样的话，罗琳和她的《哈利·波特》真是功德无量了。

但是，就是这部被一些读者认为是反差别歧视的小说，在另外一些读者看来，却恰恰是带有差别歧视的倾向。除了对作者在第 7 卷里以矫健的笔力，巧妙地将所有的伏线都作了精彩的交代的啧啧赞赏之外，也有读者认为作者塑造的哈利在魔法世界风光无限，实际上是逃避现实世界的一种表现。读者“韮泽”认为作者不应该让读者处在一种不着边际的安全感中，所以当哈利的魔力消失之后，作者应该带着哈利回到现实世界来，虽然现实世界非常艰苦，但是这样的故事能够给读者带来勇气。然而非常遗憾的是，作者没有这样做。

另外一位读者指出，每位畅销书的读者对书都有自己的看法。如果有 1 万个读者，那么就会根据各自的处境而产生 1 万种看法。畅销书之所以成为畅销书，是因为畅销书作为一个平台能够让更多的读者形成自己的看法。《哈利·波特》畅销全球，也意味着全球广大的读者形成了各种各样的对世界的看法。

《梦象成真》

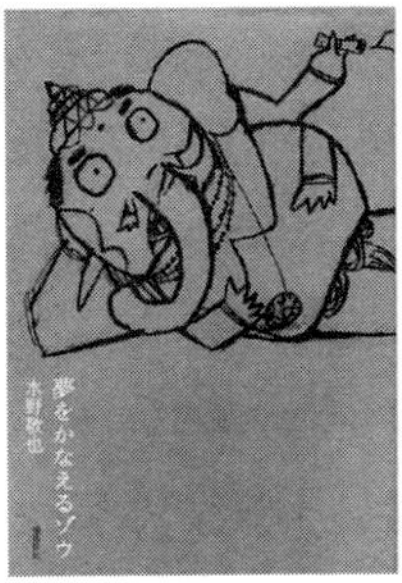

作者：水野敬也
出版时间：2007 年 8 月

【出版解题】

市面上有关自我启发、成功法则之类的书籍层出不穷，而购买者也络绎不绝。但是有没有听说过读了此类书籍而获得成功的事例呢？大概是没有的吧。这是为什么呢？

我们需要答案，当然很多人会为我们找答案。读了恋爱指导书籍而在恋爱方面颇有斩获的水野敬也越来越迷恋成功法则之类的书，也常常想按图索骥，重复在恋爱方面的收获。但是恋爱有着强烈的生理冲动和明确的达成目标，而成功却是一个非常抽象的目标，水野只能感叹照着成功法则书去做最多只能持续三天。作为手册书籍的专家，水野开始研究这些励志性、成功法则之类的书为什么无法让人获得成功的问题，他迷上了自我启发类手册并且开始编写此类书籍。

由于此类书籍的泛滥，要想在其中脱颖而出并不容易。水野的成功之处在于用小说的形式编写了这样的自我启发手册，本书的封面也极力摆脱手册类书籍的感觉。而小说中的神灵也不是一本正经的形象，而是有些油腔滑调，操着日本大阪口音的印度象神迦尼萨。水野在书中写道，不管是谁只要踏踏实实地完成迦尼萨每天布置的一道课题，就可以保证他获得2000%的成功！这样的保证，当然会吸引很多人来尝试。

编写自我启发类书，有时候和新兴宗教的产生过程十分类似。点拨性的书籍能吸引一大批读者，由此而受到感悟的读者会自觉地推广，有组织的教团就能顺理成章地形成，在日本这样的新兴宗教为数不少。然而，水野在尽力地消除宗教色彩，他并不希望自己成为某种教祖，因为他认为如果成为教祖的话，那么以后的发言就只能对信者而发了，受众就会受到限制。他不喜欢这样封闭的场所，而更喜欢大家都能入场的主题公园。

本书作者水野敬也，1976年出生，毕业于日本庆应大学经济学系。庆应大学是日本著名的私立大学，水野能踏进这样的一流大学当然是踌躇满志，但是在恋爱方面惨遭败绩让他的自信心受到了严重打击，于是他迷上了恋爱指导类书。然而这样的迷恋虽然使水野很快地找到了女友，但却让他在毕业时找不到工作。不得已之下，水野利用自己的“专长”来编写手册类书籍。处女作《让人接受的技术》成为畅销书让水野一举成名，也奠定了他的创业基础。从此以后，从搞笑到恋爱一直到励志，水野工作室和他们自己的出版社文响社编写出版了一系列手册类书籍，并且还延伸到讲演、企划等领域。《梦象成真》的畅销更让水野的事业稳如磐石。

这本书还入选日经市场杂志2008年上半年畅销商品榜。10月，这本书被拍成电视剧，同年12月又被搬上话剧舞台，在东京和大阪分别上演。2009年，这本书再被改编成动漫，受到极大的欢迎，电视台应观众要求，在原定播放第2集的时段里重播了第1集。2009年，这本书被日本游戏制造商TRYFIRST改编成任天堂游戏机用的游戏软件。2012年，水野敬出版了这本书的续集《梦象成真2：迦尼萨和贫穷神》。

下面这张表罗列了迦尼萨布置的课题，这些课题都配有相关名人逸事。迦尼萨所说并不是一种迷信，也不是伪科学的话题，关键在于你去不去做。如果你能全部完成这些课题，你的人生就能改变。

	课题	名人逸事
1	擦皮鞋	铃木一郎(日本最有人气的职业棒球运动员)
2	在便利店用找零捐献	约翰·洛克菲勒
3	吃八分饱	释迦牟尼
4	预见别人的需求	亨利·福特
5	让人笑	赫伯特·凯勒赫(西南航空公司创始人)
6	扫厕所	松下幸之助
7	下班后立刻回家	斯蒂芬·金(美国现代恐怖小说家)
8	表扬当天努力过的自己	手塚治虫
9	暂停一件事看看	哈兰德·桑德斯(肯德基创始人)
10	创造可以让事情持续下去的环境	亚伯拉罕·林肯
11	每天早上照全身镜子整理仪表	可可·香奈儿
12	问别人什么是自己拿手的事	迈克尔·乔丹
13	问别人什么是自己不擅长的事	理察·布兰森爵士(英国维珍集团总裁)
14	做做白日美梦	诺埃尔·高定(比利时作家)
15	无论状况如何,都试着说运气不错	托马斯·爱迪生
16	免费得到些什么	威廉·莎士比亚
17	做好明天的准备工作	兰斯·阿姆斯特朗(美国职业自行车赛选手)
18	让对自己很重要的人高兴	罗伯特·戈伊苏埃塔(可口可乐公司总裁)
19	发现并表扬别人的优点	安德鲁·卡内基(美国钢铁大王)
20	发现并偷学别人的优点	莫扎特、山姆·沃尔顿(沃尔玛的创始人)
21	看招聘广告找能够发挥自己能力的工作	查尔斯·达尔文
22	去拜神	泰格·伍兹
23	去人气店观察人气的秘密	阿尔伯特·哲尔吉(生理学家)
24	送让人惊喜的礼物	伊凡·屠格涅夫

如果读了以上的内容你没有任何行动的话，就不要奢望任何成功

了。世上有关成功法则的书籍层出不穷，大家也都希望阅读之后能够马上获得成功。但实际上很难找到这样的事例。为什么？就是因为大家读完后都没有行动。

迦尼萨的教诲实际上也不新鲜，都是其他成功法则书里能够找到的。所以，迦尼萨教诲的本身并不具备改变你人生的力量，要改变人生还是要靠你自己的决心和行动。如果你读完以上的内容还没有行动的话，那就不要再纠结了，但是你要听好迦尼萨最后的恳求，那就是一定把迦尼萨最后布置的课题落实到行动中去。

最后的课题就是：

	课题	名人逸事
1	从今日开始后悔没有做的事	
2	给人描绘美好的理想	马丁·路德·金、史蒂夫·乔布斯
3	为他人的成功助力	莱特兄弟、格伦·柯蒂斯（美国航空先驱）
4	报名参加一种考试	伊瑟·葛瑞婷（85 岁出道的美国女演员）
5	每天都感谢	

【读者反响】

这本自我启发、讲述成功法则的书出版两个月销量就突破 10 万册，1 年后更是突破了 200 万册，到底是什么因素造成此书如此畅销的呢？在日本也有很多人在问这个问题，日本雅虎智慧袋网站上就有用户提出了这个问题：

弱弱地问一句，《梦象成真》这本书的魅力到底在哪儿？

对这样的问题，有很多热心的读者给出了他们的答案。有位用户名叫“雪雨函数”的读者回答得到了提问者的首肯。

他认为这是一本成功法则的小说，内容是引导成功的象神不断地给主人公提出各种课题，要求他去完成。这样做就能保证获得成功。不过，令人吃惊的是这些课题都不是什么很困难的课题，其简单的程度让人怀疑。但是，简单虽然简单，要在生活中每天坚持不懈地去做并不容易。这样我们就会注意到这本小说实际上是收集了大量资料后写成的作品。这些课题虽然简单，但是因为我们常常没有这样的习惯因而很难完成。所以，要获得成功实际上并不需要一定去完成一些貌似很难的课题，实际上改变日常习惯或许更难。当你不再把象神提出的课题当作课题，而是当作日常生活中非常自然的习惯的话，你才能真正地完成象神的课题。

这本销售超过百万册的畅销书，当然也会吸引不少不愿意在流行方面落伍的人。当然也会有人对这种流行产生怀疑。有位读者是这样写的：

听了太多的好评之后，反而觉得可疑，所以读了本书。一开始觉得非常唐突，让人不知所措。但很快就被本书所吸引，让人一口气读完了这本书。那么到底有什么感觉呢？老实说，这本书的质量在以前所读的讲述成功之道的书籍中可以被认为是最高的。不仅内容非常好，而且还具有吸引读者读下去的魔力。这本书中搞笑和说教处理得十分妥当，让人百读不厌，而用小说的方式来传递成功法则的写法也是非常了不起的。成功之道在于行动，以前读了很多此类书籍但没有发生任何变化的读者，真的应该拥有这本书。

这位读者指出这本书不仅内容吸引人，表述方式也很吸引人。实际上，这本书在出版时也正是在追求这样的效果。正如这本书编辑之一的畑北斗所说的那样：

为了让那些一听到自我启发就本能地拒绝的人也会读本书，本书的封面设计摒弃了一本正经地说教性设计，而是突出了一个搞笑类的象神。这也和本书的写作风格相统一，实际上本书能够让人边笑边受益，而且这种读了让人愉快的感觉也是本书畅销的原因。自我启发类书籍通常都是一个人偷偷地看，但是本书非常有趣，从出版社回收的读者反馈卡来看，很多读者都向友人推荐本书，形成了大家共同阅读的气氛。

在日本，自我启发类的书出版得比较多，发行量超过100万册的也不在少数。但正因为此类书籍比较多，要出版更加引人瞩目的自我启发类书也是很不容易的。

书评家石井千湖概括了这本书畅销的原因：（1）从畅销的自我启发书以及成功人士的成功哲学中抽出精华；（2）采用小说的形式；（3）简单易行。

自我启发的书籍通常会集中在某个方面，所以内容不免会有些单薄。这本书很好地汇集了很多成功法则书籍的精华，满足了更多读者的需求。采用小说的形式也就可以避免高高在上的说教，让人更加容易接受里面的教诲。而从擦鞋子开始的课题起点非常低，低起点则为更多的读者所接受。

石井的书评不仅概括了本书畅销的原因，更包含了下面令人意味深长的一段：

自我启发类书籍畅销与日本社会里存在着大量的寻找自我的人有密切关联。实际上本书主人公一直抱有成为建筑师的梦想，但仍一直是一介普通的职员，他厌倦了这样的生活，利用公司的休假去印度旅行，希望有所斩获。可以说这也是典型的寻找自我的人。本书的参考文献里有成功哲学书籍，还有机动战士高达等娱乐作品，举出如此之多的事例，实际上表现的正是“无法停止寻找自我”的一面。

《B型的自我说明书》

作者：Jamais Jamais（雅梅 · 雅梅）
出版时间：2007年9月

【出版解题】

《B型的自我说明书》是一本自费出版的书，作者当时根本没有名气，第一版只印刷了1000册，然而10个月后出版的同一系列书《O型的自我说明书》第一版就印刷了40万册，这套书在当时市场的成功不言而喻。

为什么这样一本无名作者自费出版的著作竟然能获得让很多具有策划能力的出版社汗颜的业绩呢？

分析血型与性格的关系在日本有很深厚的土壤，实际上日本很早就有关于血型与人的性格方面的探索。1911年，日本青年医师原来复留学德国，被德国的血型与民族优劣关系的研究所震慑。当时，血型刚刚被维也纳大学研究员卡尔 · 兰德斯坦纳所发现，很快就被某些人作为“白人优越”的证据，出现了用不同的血型来区分人种差别的社会思潮。原医生为了证明日本人不是劣等民族，也开始了大量的调查，结果发现日本人中，B型血的比例高于欧洲人，这似乎证明了德国人的研究。不得已，原医生另辟蹊径，提出了血型与性格的关联假说，希望以此摆脱血型与人种的优劣关系论。

原医生的研究引起了当时日本军部的注意，在军部的支持下，本来作为输血需要的血型研究变为证明日本人比其他亚洲民族优越的一种工具，从而与民族主义挂上了钩。同时，为了有效地组织和管理军队，军部把血型作为将士资质分析的一个指标，同时让心理学家也参与到血型与性格的研究中来。1927 年，东京女子高等师范学校教授古川竹二在学术期刊《心理研究》上发表了一篇文章题为《基于血型的气质研究》，提出了人类血型与人类先天性格有关的论点。

不过，这个研究所采用的样本只有三十人，结论备受争议。1933年，日本法医学会正式将有关血型和性格的研究认定为一门伪科学。尽管如此，日本对血型与性格的研究并没有终止，相反地，有关血型和性格的关系说逐步浸透到日本社会的很多角落，甚至出现了血型与就业、血型与婚姻的关系论。1971 年，毕业于东京大学的作家能见正比古受古川的影响出版了一本《从血型了解性格》的畅销书，再一次引起日本媒体的关注与兴趣，血型与性格的关系再度成为日本社会的热门话题，而这种血型与性格的分类说不仅在日本流传至今，还传播到韩国、中国大陆及台湾等地区。

虽然能见的研究具有很大的影响力，然而他并没有在研究中运用严谨的数据统计，依然缺乏科学依据。所以，类似的研究现在仍被称为疑似科学，也就是伪科学。尽管如此，血型与性格的关系依然受到社会各方面的追捧，形成一种社会热潮。市面上此类内容的关联产品层出不穷，在电脑和网络的时代，甚至测算血型与性格的软件也随处可见。

《B 型的自我说明书》也是这类产品中的一种，不过，这本书之所以能在同类产品中脱颖而出，是因为它紧扣了血型与性格之间关系的主题，即强调社会差别。松本熏在《血型与性格的社会史》中指出："血型很早就被利用来搞差别歧视了，在历史上，从白人差别歧视有色人种，陆军差别歧视能力差的士兵，警察差别歧视犯人，学校差别歧视能力差的学生，都利用了血型。”实际上，到现在为止，这些差别歧视依然普遍存在，正如这本书作者所提到的那样，一提到你是B型人，一种歧视就自然而然地产生。这本书作者隐姓埋名，为了说明B型人不像社会上所说的那样散漫无礼，才写了这本书。

如果读者能很好地利用这本书的话，不仅可以消除社会上对B型人的部分歧视，还可以为自己做一次很好的性格分析。B型人还有理由不购买这本书吗?

这本书畅销之后，作者又连续出版了其他血型的自我说明书。在这套书累计销售超过580万册之后，2012年11月开始，作者又出版了各类血型说明书的续集。

【读者反响】

有一天，一位读者走进书店，看到新书柜台前的书堆里的《B型的自我说明书》。本来这位读者对此类书籍并不感兴趣，但是不知为什么唯独对B型人特别在意。虽然这位读者自己不是B型人，但是周围有很多B型的朋友和同僚，通过这本书是不是可以知道周围这些人更多的共同点呢？于是这位读者拿起了这本书。

谁知拿起来后就放不下了，这位读者越读越有趣，而且一边读，一边联想起B型的朋友和同僚们，竟然在店堂里读完了这本书。读完之后，赶紧掏钱购买了这本书。这还不够，还问店员购买此书的是不是B型人居多。书店当然没有这样的统计，这位读者并不甘心，直接打电话到出版此书的文艺社继续询问。出版社给出了亲切的答复：

购买此书的以青年女性居多，但在各个年龄层都有广泛的读者。从反馈回来的读者卡可以了解到这些读者要么自己是B型人，要么周围的朋友是B型人。本书作者雅梅·雅梅有意隐藏起来，所以谁也不知道作者是日本人还是外国人、是女性还是男性，但是从喜欢这样隐藏的性格来看，可以肯定作者本人就是B型人。

这位不是B型人的读者开始期待自己血型的说明书了。

但是，很多读者并不迷信血型与性格之间有必然关系这样的说法。在日本亚马逊网站上，关于这本书最有参考价值的评语是这样的：

是偏见吧。“A型人是最具有常识的人”的看法已经浸透到现实生活里了，但实际上A型艺人常常会说出不合常理的话而成为社会的话题。泰叶、倖田来未、阿比留优、泽本明日香、山本莫娜、泽尻绘理香、光浦靖子、中森明菜、滨崎步、押尾学、石田纯一、阵内智则、藤原纪香、及川奈央等。

有些杂志刊载了一些文章说安倍首相因为是B型人所以才会不负责任地辞去首相一职，但是，A型人的福田首相也在很短的时间内放弃了首相的职务，这又该如何解释呢？实际上B型人、AB型人之所以会受到批判，只是简单地因为A型人占大多数而已吧。

在职场和学校里随便地用血型论人与性骚扰、以权压人在本质上是一样的。但是，血型性格论常常会成为没有责任心的人的简便借口。

有位读者在读完这本书之后，仿照其体例，完成了自己的说明书。

□ 不管怎样，因为不想落伍而读了本书
□ 但是，是在书店里读的
□ 不过，对本书很感兴趣
□ 而且还想早点读到自己血型的说明书
□ 但是还是不想买此类书
□ 嘲笑关于“B型人所不知道的B型性格”的书
□ 实际上血型和性格没有一毛钱关系
□ 但是还是希望多少有点关系
□ 但说到底怎样都无所谓

在自己身上这些全部都能找到，非常抱歉。

这位读者洋洋洒洒地写了很多，实际上还是非常纠结血型与性格。这也为这本书之所以能够畅销作了一个注解。另一位读者更是十分坦率地指明了这点：或许血型与性格之间的关系并没有科学根据，但是这种“我也有！我也有！”的感觉妙不可言。

这种感觉可以转换成友人之间有意思的话题，一位读者是这样说的：

此类对照型书并不是以100%吻合为前提的，但自己作为B型人竟然有接近100%的相似点，不由得让人觉得有趣。30分钟就能读完，可以很好地作为一个话题和他人交流。而且只花费了1000日元，本书还是很值得的。

然而，最能说明这本书畅销原因的是作家泷井朝世在《朝日新闻》的书评栏里所写的：

如果你被洞穿一切的话肯定会很不愉快，但是自己到底是怎样的人，如果能自己诊断的话，人们还是肯定会去尝试的。本书就是抓住了这样的心理，提供了可以让大家进行自我诊断的道具。

诚如书名所言，这是一本自我说明书。根据与书中条目的吻合度，每个人都能做出一本自己的说明书。

| 第二章 |

1Q84

第一节　见证日本之 2009：政权交替

负增长与股市惨跌

2009 年，日本的年度汉字是“新”。数十年来，日本政坛首次出现了真正意义上的政权交替，民主党接替自民党上台，给日本带来了新的气象。世界在变化，日本也要重新定位。

年初，日本首相麻生太郎满怀信心地挥毫题词：安心活力。不过眼尖网民立刻指出他落款的时间写错了。这幅题词的时间竟然是“平成廿十一年”。“廿”就是二十的意思，后面多加一个十字就落下笑柄了。不会是麻生首相想在这里把“失去的二十年”补回来吧。不过，虽然日本国内外都在用“失去的二十年”来形容泡沫经济崩溃后的日本，但是从 2002 年开始的“伊弉诺景气”时期却是战后景气最长的一段时期。可惜的是，这个纪录因为美国带来的全球金融危机而中断。

2009 年公布的各类数据显示了日本经济再次遭到重创。关键词是负增长、股市惨跌。

负增长：年初，日本政府统计出 2008 年最后一个季度的 GDP 比上一个季度减少了 3.3%，换算成年度增长率则为 -12.7%，这个负增长率仅次于第一次石油危机时期的 1974 年第一季度 GDP 增长率：-13.1%。而 2009 年第一季度 GDP 增长率年化为 -15.2%，创造了第二次世界大战以来的最低纪录。

股市惨跌：东京证交所的股价指数 TOPIX 在 2 月份跌破 740 点，被打回 25 年前。而日经平均股价也在 3 月里跌到 7054.98 日元，又一次更新了泡沫经济崩溃后的最低纪录。

日本经济再次大规模下滑，一时间经济危机的阴云再次笼罩日本。坏数据还有很多：住宅建设开工率比上一年减少了 27.9%，这是自 1964 年以来最坏的数据，实际开工数量不到 80 万户。据日本汽车工业协会统计，2009 年日本汽车销售数量为 292 万辆，新车销售增长率比上一年减少了 9.3%，这也是自 1971 年以来最坏的纪录。百货商店和超市的销售额则连续 13 年负增长。在劳动和雇佣方面则出现大幅度恶化，2009 年的年平均失业率达到 5.1%，12 月的失业人数更是达到 317 万人，比上一年增加了 47 万人。2009 年日本 GDP 总额为 479 万亿日元，也成为自 1991 年日本泡沫经济崩溃之后的最低纪录。

屋漏偏逢连夜雨

这一年日本的梅雨季节特别长，以往在 7 月就结束的梅雨一直到 8 月初才宣告结束，成为日本观测史上出梅最晚的一年。同时期的日照时间也缩短了 20% 以上，雨水则增加了 1 倍多。不用说，这对日本的农业带来了重大的打击。不知是否早有预感，自民党农林族的中川昭一财务大臣在国际会议上喝得酩酊大醉，不仅意识蒙眬地接受了记者采访，甚至还跑到梵蒂冈美术馆撒野。这样的丢人现眼，自然乌纱帽不保。回国后，中川不得不放弃财务大臣的职务。日本金融政策的主导者如此表现，市场自然也就信马由缰地发展，东京的外汇市场因为预计美国将长期维持低息的金融政策，美元进一步贬值，造成日元迅速升值，一度达到了 1 美元兑换 86.28 日元的高度，创下 14 年来的新高。

日本经济的停滞还表现在物价方面。自 1990 年开始，日本的物价一直呈下降趋势，通货紧缩成为日本经济的大问题。2007 年，由于世界原材料价格的上涨，开始带动日本国内物价的上涨，让日本看到摆脱通货紧缩的可能性。然而好景不长，2008 年的金融危机又让日本 2009 年的消费者物价下降了 1.3%。因此，11 月，经济财政大臣菅直人不得不宣布，时隔三年零三个月日本再次陷入通货紧缩状况。

日本家庭平均收入的差距也在拉大，其中一个比较重要的原因是雇佣的不平等。日本企业有意识地提高了非正式员工的比例，而非正式员工的薪资待遇与正式员工有很大的差距。企业内的工会组织迫使企业经营层做出保证，要竭力保护正式员工的既有福利。在全球金融危机的形势下，日本的资方组织日本经济团体联合会，以及劳动者组织日本劳动工会总联合会摒弃水火不相容的姿态，竟然联名发表了保护正式员工的劳资共同宣言。日本劳资双方如此地协调，在西方国家里也显得非常奇葩。

经济的萧条也带来了社会的不安。6 月里发生的“蝌蚪骚动”可以集中地显示日本社会的不安。6 月 4 日，在日本石川县七尾市的一个停车场里，工人们听到了啪嗒啪嗒的声音，循声一看，竟然是许多小蝌蚪从天而降。第二天当地的报纸报道了这件事，引起了日本的骚动，而且，其他地方也同样出现了小蝌蚪从天而降的报道，连《朝日新闻》、共同通信社等日本主要报纸、通信社都相继报道，进一步造成了人心惶惶的局面。根据日本鸟类保护联盟专家神崎高步的观点，小蝌蚪从天而降是鸟类在飞行途中吐出捕食的小鱼小虾时形成的，是一种自然现象，根本不值得大家如此大惊小怪。但是，谁又能解释在这一年出现这样的怪事仅仅是一种巧合吗？

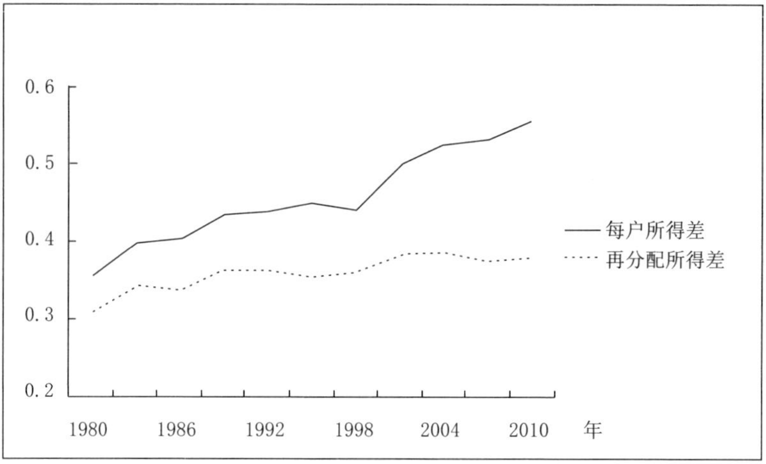

图 2　日本平均每户家庭收入“基尼系数”

资料来源：日本厚生劳动省

“蝌蚪骚动”很快过去了，但日本迎来了更大的社会骚动，那就是 8 月份的第 45 届众议院全国大选以及之后的政权交替。从 1955 年保守势力和革新势力各自集结以来，自民党一直掌控着政权，虽然 1993 年曾一度失去过政权，但那也是非常短暂的。2009 年，自民党在全国大选中遭到成立以来的最大败绩，议席数遭到腰斩。民主党获得了 308 个席位，其代表鸠山由纪夫就从自民党的麻生太郎首相手里接过了政权。这次政权交替可谓是一场真正的交替，具有 123 年历史的政府各部门的事务次官会议，在获得政权的民主党的要求下终于降下帷幕。所谓的事务次官会议就是政府各个省厅官僚的最高长官“事务次官”，这也意味着民主党政府和以往政府最大的不同点是要实现政治主导来替代以前的官僚主导形式。

萧条下的希望

当然，对日本来说，2009 年也有很多好消息令日本国民振奋。2 月份，日本电影《入殓师》获得美国第 81 届奥斯卡最佳外语片奖。这是日本电影第一次获得该奖。同时，动画片《积木之家》也获得奥斯卡最佳短篇动漫奖。连获双奖，显示了日本在文化方面的软实力依然不可小觑。

7 月，日本国会通过了有关人体器官移植法的修正案，认可 15 岁以下的孩子提供移植所需的器官，为在脑死亡状态下的 15 岁以下孩子提供器官开了绿灯。当时，横行世界的人体器官买卖遭到了许多国家的谴责，而日本人要求做人体器官移植手术的成本也在不断增加。因此，日本针对这一问题进行了法律的修正。

而 11 月，由市民团体改造的电动汽车，在中途不充电的情况下走完了从东京到大阪的 555.6 公里的里程，创造了新世界纪录。应该说，这也代表了日本在电动汽车方面的世界领先水平。

很多在日本引起争议的事件也显示了日本正在变化的一面。大阪高级法院宣判 Winny 开发者金子勇无罪。第二年，日本最高法院最后确定了这个无罪判决，从而结束了“Winny 事件”。然而之所以会发生这样的事件，究其原因还是日本社会的保守不作为所造成的。在网络时代，利用 Winny 确实可以形成多起违反版权的犯罪。但是，不去创造新的商业模式，而把软件的开发者当作助长犯罪的人加以逮捕，那是很不恰当的，就像金子勇的辩护律师所指出的那样，大家都知道高速公路上可能会因为超速而违反交通规则，但这并不能怪罪高速公路，甚至因此而逮捕国土交通大臣吧。

这些有争议的事件也能显示出日本政府保守的一面。日本法务省出入境管理局宣布把没有居留许可而在日本滞留 15 年的一对菲律宾夫妇强制遣送回国，但是却给这对夫妇在日本出生的 13 岁女儿以合法的居留身份。虽然这是按照法律来做的决定，但是要生生地拆散这个家庭的做法，在日本也引起了很大争议。

第二节　社会思想的整体移轴：官僚体制成替罪羊

政权交替：爱读错字的麻生首相下台了

有句俗话：秀才不识字，只读半边音。那是讽刺一些不学无术的人，那么当朝的宰相如果也是那样的话，应该怎么办？应该是“挂冠而去”吧。日本首相麻生太郎正演绎了这样的故事。

2008 年，时任日本首相的麻生太郎在国会的答辩中声称要“腐臭”日本原首相村山富市发表的承认日本发动侵略战争并为此反省的村山讲话。这和历届日本政府公开的官方见解大相径庭，难道麻生首相要公开唱反调吗？那样的话，引起的恐怕不是简单的外交问题了。日本上下都为之紧张，然而在《朝日新闻》等媒体的追问下，才知道麻生首相并没有处心积虑地想掀起外交波浪，而只是念错了字。把“蹈袭”念错成“腐臭”。

真是秀才不识字，只读半边音。虽然最后没有引起外交问题，但是首相念错汉字的事成了日本国民茶前饭后的谈资。各种麻生首相读错字或写错字的场合都被抖搂出来成为笑柄，当时自民党第二把手细田博之干事长不由得感叹说，嘲讽不会念字的麻生首相，实际上也显示了日本这个国家的水平，日本国民的水平也不过如此。当然，细田的这番话也招来非议，不得不公开道歉。

尽管如此，麻生太郎还是“挂冠而去”了，不过，并不是因为读错了字而引咎辞职的，而是因为他领导的自民党在国会大选中惨败而不得不让出首相的宝座。

日本实行的是议会内阁制，在议会中占多数的党派将获得政权。而议会则是通过选举产生的，日本几乎每四年有一次选举。长期以来，日本的自民党掌管政权，几乎没有在全国大选中失手，虽然 1993 年曾经有过短暂的下野，但在长达 50 多年的历史中，那也只是一瞬间的事。2005 年，自民党在全国大选中获得历史性胜利，执政党议员比例首次超过了国会议员的 2/3，自民党似乎可以高枕无忧了。然而，盛极而衰，否极泰来。到 2009 年，历史似乎开了一个玩笑，让日本大选重演了 2005 年的戏剧性，不过这次幸运的主角是民主党，历史性地在众议院获得了 308 位议席，相当于 2/3 的议席。当然民主党也就获得了组阁权，自 1955 年以来日本政坛出现了真正的政权交替。

政权交替是西方国家的运营机制之一，长期没有实现政权交替的话，必然会滋生执政党的傲慢，带来许多弊病。在战后半个多世纪的时间里，虽然国会举行过几十次选举，但日本自民党一直保持国会中的多数席位，因此，自民党也就得以长期执政。但是，随着自民党金权政治不断被曝光，长期执政的各种弊端日益显现，从自民党内部也产生了相当大的危机感。在几经拉锯之后，日本修改了选举制度，把现有的中选区改为小选区，在全国划分了 300 个小选区，同时为了照顾少数政党，另外设有 200 名比例代表。这个小选区制度从 1996 年的众议院选举开始实行。十年之后，终于达到了引进小选区制度的最重要目的，实现了政权交替。

不过，小选区制度并不一定是政权交替的保证，在日本政治史上，曾经有过政友会（1900—1940）和民政（1927—1940）两大政党抗争的历史。结果在为了维护各自政党利益的抗争中，国民对政治产生了高度的不信任感，从而导致了军国主义帮凶的大政翼赞会（1940—1945）的产生，把日本引进战争的深渊。

官僚制度是“万恶之源”？

日本国民选择民主党来代替长期执政的自民党，那是因为他们相信民主党可以对“万恶之源”的官僚体制开刀。如果政治家违反政治伦理搞乱社会的话，那么国民可以通过选举，让政治家落选以惩罚他们，但是官僚体制却不受国民的监督，无论官僚表现多么不好，国民对他们也毫无办法。由于自民党长期执政，与官僚的关系非常密切，因此他们不可能得罪官僚体制。

日本是三权分立的政治体系，政治的最高权力机构是国会，而日本的法律都必须由国会通过之后才能实行。但因为政治家们缺乏相应的知识和经验，基本上不会主动提出法律草案。因此，日本法律基本上都是由政府机构里的官僚操办的。作为立法机构的国会也就变成追认政府提交的各种法律法规的机构。在第二次世界大战前，日本政府各部门里最高官僚次官的地位比国会议员还要高出 2 个等级，这说明了官僚在国家运营中的重要位置。正如日本政治学专家辻清明指出的那样，与官僚体制内上下级之间的支配和服从关系一样，在日本社会里也同样存在着国民服从官僚（以及军人）的权威主义倾向。这种特征在第二次世界大战之后的改革下依然根深蒂固。官僚们不仅拥有实际上的施政权，而且还拥有事实上的立法权。他们成为日本国家运营的核心。既然官僚拥有如此巨大的权力，日本国民就认为他们应该为日本的发展负全部的责任。

在经济长期低迷的时候，官僚们的业绩乏善可陈，日本国民看到的只是他们在享受着官僚制度给他们带来的好处。例如，在国民工作不稳定的时候，官僚们的工作却都非常稳定，而且退休之后还能被安排到政府各部门的外围机构里任职，继续享受着稳定的待遇。日本国民感到极不公平，认定官僚是诸恶的根源，需要对之无情地打击。

民主党看到了民心所在，高举反对官僚进行政治主导的大旗，终于赢得了众议院的全国大选，获胜的民主党代表鸠山由纪夫从自民党的麻生太郎首相手里接过了政权。上任伊始，鸠山内阁就终止了具有123年历史的政府各部门的事务次官会议，迈出了政治主导第一步。通常政府的许多决策都在各部门的事务次官会议上决定，这也是官僚主导的一个象征。

但是，把官僚当作诸恶的根源显然并不能切中问题的要害，民主党政府的作为就已经证明了这点。为了实现政治主导，民主党政府派遣了100名国会议员深入政府各个部门，掌握一手信息，以便做出政治决定，但是结果并不理想。日本的官僚体制历史悠长，官僚的经验并不是一日就能学会的。日本的官僚体制自明治维新时期延续至今，其中具有123年的事务次官会议就是典型体现。而缺乏行政相关知识和经验的政治家们排斥官僚，匆匆忙忙地来主导行政的决策往往不得要领，反而带来更多的麻烦。

前原诚司就任国土交通大臣之后，立刻根据民主党的选举公约宣布中止计划中的八场水库建设项目。这是一个重大的决定，因为这个水库项目计划由来已久，并且备受争议。1986年水库项目的基本计划出台后，由于建设工期一再后推而不能正式开工。后来经过利益各方艰苦的协商，最终同意在2015年开工。前原曾经是水库建设的推进派，为项目的开工做了很多努力。但是，民主党的选举公约中有反对水库建设的内容，所以，在政权交替后，前原就立刻宣布中止这个项目。这个决定给各方带来了困惑，而防洪治水的问题仍旧无法解决。在引起一片混乱之后，民主党政府最终不得不推翻自己的决定，重新认可八场水库的建设项目。而这次混乱也增加了水库建设的费用。

可以说这个决定是典型的政治主导的结果，但是，缺乏相关经验的政治家并不能实际解决问题。不过那个时候，恐怕谁也没有想到这实际上只是一个混乱时代的开端，“3·11”大地震后，由于官僚的不配合，民主党政府陷入更大的混乱中。而这些混乱也推动了日本社会的反思。

无宗教的宗教信仰

在日本常常听说，日本人出生时用神道仪式，婚礼用基督教仪式，而葬礼则用佛教仪式。那么他们到底信仰哪种宗教呢？日本人通常回答说他们是无宗教的。

不过，日本宗教学者阿满利麿认为这个答案有问题。因为很多日本人自己恐怕也不知道他们是有宗教信仰的，他们信仰的是一种万物有灵的自然宗教。这与具有教祖、教义和教堂这三个形式特征的基督教等宗教并不一样，自然宗教相信万物有灵，而这样的自然宗教已经深入日本人的日常生活，很多宗教活动变成了生活习惯。例如，每年新年去神社参拜，每年夏天回乡祭祖，每年春秋去扫墓，等等。很多日本人认为这些似乎并没有宗教的含义，但的的确确是宗教的活动。自然宗教虽然是在远古时代诞生的，但是现在已经渗透到日本社会的各个角落。

所以，表面上似乎没有宗教信仰的日本人，其实有很深的宗教情结，只要有一定的条件，他们就会很快地投身到某种宗教中去。明治维新之后，明治政府就很好地利用了日本国民的这种心理，在日本各地掀起了废佛毁寺的高潮，向国民巧妙地宣传“神道并不是一种宗教”，从而将那些没有宗教信仰的日本国民都吸纳到以天皇为中心的国家神道教中来。

战后，美国占领军在限制国家神道教之外，还给予了其他宗教大幅度的活动自由。同时，也在财政方面对宗教组织给予了免除部分税收的优惠待遇。这样，很多宗教团体也就像雨后春笋般冒出来。这些被称为新兴宗教的宗教组织拼命吸纳信徒，扩大他们的组织，从而得到飞跃式的发展。

因为日本人实际上是有宗教情结的，所以，很多宗教的许诺被他们当作解决问题的钥匙，更容易让他们投身到这些宗教中去。在 20 世纪50年代，日本人加入宗教的动机通常是因为贫困、疾病或家庭矛盾等问题需要解决。残酷的战争给日本社会带来毁灭性的打击，那些走投无路的人以为能在那些新兴宗教里获得安慰。到了日本经济高速增长时期，随着日本国民收入的增加，他们逐渐失去对那些新兴宗教的兴趣。新兴宗教的存在开始遭到质疑，宗教组织活动陷入低潮。

但是随着两次石油危机的爆发，日本经济告别神话般的高速增长，经济开始出现了动荡。人们再次希望从宗教里寻找安慰。所以，五岛勉在《诺查丹玛斯的预言》中预言1999年人类将灭亡，此书成为当时的畅销书，超能力说教再次流行。一些传统的宗教组织也开始用超能力来吸引信者。阿含宗对信者宣传说，只要通过他们的修行就可以获得超能力。真如苑也把灵异能力的开发当作重点。这些现象导致了80年代以后，这些把超能力、灵异现象、神秘仪式和世界末日思想等结合起来的“新新兴宗教”的盛行。但是，在狂热信仰基础上的这些“新新兴宗教”很快地暴露出他们不尽合理的一面，1995年奥姆真理教策划的地铁沙林事件，造成27人死亡，无数人心灵受到创伤。地铁沙林事件后，日本修改了宗教相关的法律，严格对新设立的宗教组织进行审批。这次事件也给“新新兴宗教”带来很大的打击，这些宗教失去了原来的魅力，信者人数也急剧下降。

除了这些恶劣事件减少了“新新兴宗教”的信徒之外，还有其他现象表明日本宗教势力的衰落。最近，很多日本人都选择省略需要和尚念经的佛教葬礼，寺庙的收入大幅减少。这除了经济方面的原因，还有社会方面的原因。正如佛教学者末木文美士教授指出的那样：佛教葬礼是为了支持家父长制的权威而确立起来的一种风俗习惯，而战后，大家庭迅速地向小家庭分裂，导致了最近二三十年间，越来越多的日本小家庭放弃了佛教葬礼。

然而，这些只能说明日本宗教组织进入了一个低潮期，并不能说明日本人完全放弃了宗教信仰。自然宗教的影响悠长深远，只要条件成熟，日本人还是会奔向某种宗教的。实际上，现在已经出现了一些端倪。

第二次世界大战后，由于向往欧美文化和欧美式的生活，基督教的婚礼开始在日本流行。在经济高速增长时期，基督教婚礼占了绝对的多数。但是进入 21 世纪以来，神道教式的婚礼出现了增加的趋势。基督教的婚礼在日本只是一种形式，连证婚的牧师也是由婚庆公司的工作人员客串，没有什么信仰的成分在里面，而且，实际上这些婚礼都不能在真正的教堂里举行。但是神道婚礼则必须在神社或者神宫里举行，新郎新娘和参加婚礼的亲戚朋友都能感受到一种宗教的神圣性和庄严的气氛。这样的感受为神道教的再次盛行打好了基础。

实际上，神道式婚礼的历史非常短，20 世纪初，明治政府开始刻意推广国家神道教，大正天皇的婚礼才采用了神道教的形式。在日本社会的跟风之下这种婚礼才开始在日本普及，从而也深化了神道教对社会的影响力。日本战败之后，为了防止军国主义抬头，美国限制了日本的国家神道教发展，让神道教陷入了一个很长的低潮期。值得注意的是，2016 年 5 月，美国总统奥巴马及西方主要国家首脑，在安倍晋三首相的带领下参观伊势神宫，意味着美国对日本的国家神道教已经不再坚决抵制了。这就可能促成日本神道教进入新一轮的扩张期。

当年十大新闻

- 民主党在众议院全国大选中获得压倒性胜利，鸠山内阁诞生，实现了政权交替
- 日本刑事审判开始实行“裁判员制度”
- 新型流感爆发（甲型 H1N1 流感），导致多人死亡
- 日元汇率居高不下，物价持续下跌，日本政府宣布陷入通货紧缩局面
- 民主党的鸠山由纪夫内阁宣布中止群马县八场大坝等建设项目
- 日本失业率上升，雇佣关系进一步不稳定

- 由于证物上 DNA 不一致，1990 年“足利连续幼女杀害事件”嫌疑人被释放
- 日本棒球队蝉联“世界棒球经典赛”冠军
- 日本与美国关于把核武器运进日本的外交密约被曝光
- 各地高速公路实施周末、节假日一律收费 1000 日元政策

第三节　畅销书之 2009：真实・误读

2009				
排名	书名	作者	出版时间	出版社
1	1Q84 book1, book2 《1Q84》book1, book2	村上春樹	2009 年 5 月	新潮社
2	読めそうで読めない間違いやすい漢字 《好像会念其实不会念的容易念错的汉字》	出口宗和	2008 年 2 月	二見書房
3	ドラゴンクエスト 9 星空の守り人 大冒険プレイヤーズガイド 《勇者斗恶龙 IX 星空守护者 大冒险玩家的指南》	V ジャンプ編集部	2009 年 7 月	集英社
4	新・人間革命　第 20 巻 《新人间革命》第 20 卷	池田大作	2009 年 10 月	聖教新聞社
5	日本人の知らない日本語 《日本人所不知道的日语》	蛇蔵 海野凪子	2009 年 2 月	メディアファクトリー
6	巻くだけダイエット 《卷卷就能瘦！》	山本千尋	2009 年 6 月	幻冬舎
7	私服だらけの中居正広増刊号 《不穿正装的中居正广增刊号》	/	2009 年 8 月	扶桑社
8	告白 《告白》	湊かなえ	2008 年 8 月	双葉社
9	「脳にいいこと」だけをやりなさい! 《只需做对脑子有利的事》	マーシー・シャイモフ 茂木健一郎 译	2008 年 11 月	三笠書房
10	体温を上げると健康になる 《提高体温变健康》	齋藤真嗣	2009 年 3 月	サンマーク出版

资料来源：株式会社トーハン

村上春树时隔 5 年推出的小说新作《1Q84》不负众望，稳稳地占据了本年度畅销书的榜首。在出版后的半年时间里，《1Q84》的 book1 和 book2 分别销售超过了 100 万册。这是一部虚构的小说，但是却反映了真实的日本：在日本国民无宗教的气氛中，新兴宗教再次活跃。村上用小说的形式警示日本社会，现实的表面往往是色彩斑驳的，其核心并不容易被认识。被表面的色彩所吸引，人们对社会的现实往往会产生很多的误读。

误读的典型是对自己语言的误读。出口宗和的《好像会念其实不会念的容易念错的汉字》在这一年突然火爆，销售超过了 115 万册。实际上，谁都会念错字，包括大学教授在内也无一幸免。但是在很长时间里，大家对此问题熟视无睹，直到日本首相公开出丑之后，日本国民才突然觉得他们很容易误读。他们开始私下怀疑起自己的母语能力来。

汉字的误读只是一部分，而日本人对自己语言的不了解则不是可以简单地一笑了之的。外国留学生的增加，不仅给日本带来了年轻的活力，还带来了让日本国民再一次认识自己的机会。蛇藏和海野凪子合著的《日本人所不知道的日语》也销售超过了 65 万册，因为很多日本人从这些类似搞笑的提问中发现了其实还有很多日语是他们自己也需要再学习的。

日本公信榜 *ORICON BiZ* 的葛城博子编辑长指出：从今年汉字日语等书籍以及其他一些历史书籍的畅销情况来看，今年畅销书的关键词应该是“日本人”。为了摆脱长期的经济低迷，大家再次觉得必须学习先人的智慧，日本人需要重新定义什么是日本人。当然，这绝非一件简单的事。

对语言误读会让人感到窘迫，而对社会的误读就会产生可怕的后果。这一年，日本政坛的政权交替，大概也是一种误读的结果。

《1Q84》book1，book2

作者：村上春树
出版时间：2009 年 5 月

【出版解题】

截至 2013 年底，在日本创纪录的畅销小说《1Q84》已经被翻译成 30 多种文字，并在世界各地出版。具有世界性影响力的村上春树是怎样开始执笔这部小说的呢？其实，在本书出版的前一年，村上在以色列的耶路撒冷文学奖授奖仪式上的讲话就已经透露了他的心机。

村上指出：在很多情况下，我们几乎无法把握真实的本来面目，而小说家可以把真实从隐蔽的场所搬到虚构的场所来，从而把真实暴露在阳光之下。但是要真正地做到这点，小说家就必须知道真实的所在。

对村上来说，这个真实的所在就是如果要他在坚硬的墙壁和脆弱的鸡蛋之间挑选的话，那他就一定站在鸡蛋这一边。这是因为我们每一个人实际上都是随时可能会被敲碎的鸡蛋，被国家、权力等“系统”组成的坚硬墙壁所束缚。但是，我们都具有活下去的精神，我们不允许“系统”把我们变成被消费的东西，我们也不允许“系统”持续扩大。实际上，并不是“系统”制造了我们，而是我们制造了“系统”。

从村上的讲话中，可以理解 1949 年乔治·奥威尔创作的未来小说

《1984》是如何影响他创作这部小说的。人们的生活被组织或者“系统”所左右并不是一种未来的幻想故事，而是确确实实地在这个世界上存在的。而1995年东京地铁的沙林事件更是直接促使作者写作本书。村上花费大量的时间采访了沙林事件的受害者，并发表了迄今为止唯一的报告文学《地下》以及其续作《应许之地》。村上在《地下》出版之后，曾经对读者吐露心声：

通过为写作《地下》而做的采访，目睹了大量不得不因为这个事件而彻底改变人生的事例，在那里有无数的不能用语言表达的愿望和悲哀。我觉得其中的一小部分东西已经变成了我自己的东西。所以，从某种意义上来说，他们的声音就是我的声音，而我的声音也是他们的声音。谁都可能在不知不觉中陷入宗教。很多的日本读者并没有这样的感觉，他们觉得宗教离他们很远，但实际上就在他们的眼前。

所以，在完成这两本报告文学之后，村上依然没有失去对沙林事件的关心，而是继续收集资料，旁听沙林事件的刑事审判。在这个过程中，村上认识到“精神围城”也是一种冷漠坚硬的“系统”。一个并不具有犯罪性人格的非常普通之人，在精神围城的作用下，竟然最终变成一个随时可能被执行死刑的杀人犯。这就像被遗弃在月球反面那样让人感到无限恐怖。这让村上觉得用小说与原理主义以及各种神话事件做斗争是作家的职责。虽然“系统”这样的墙壁又冷又硬，但是村上还是要站在一碰就碎的鸡蛋的立场上，无畏地对“系统”进行抨击。在这部小说发表前，村上在一次访谈中曾经指出：

我现在感到最可怕的是一种根据特点思想而形成的“精神围城”，很多人希望有这样的围城，一旦失去这样的围城他们将无所适从。奥姆真理教只是其中一个极端的事例，实际上，生活中有许多这样的围城，一旦陷入其中再要脱身恐怕就不那么容易了。所以，小说必须与那种“精神围城”针锋相对，优秀的小说会让人心胸开阔，不愿意再钻死胡同。

经过数年的构思，这部小说的前两卷终于在 2009 年呈现到读者面前，而小说的第三部也在第二年提前出版。这部小说所描写的是在围城之下出现的世界，而我们生存的现在并不应该变成那样。

【读者反响】

《1Q84》book1 和 book2 加起来在当年销售就超过 200 万册，小说的畅销引起了社会各界的反响，不仅书评如潮，而且有关这本书的研究著作也层出不穷。尽管如此，这部小说似乎并不受日本精英们的欢迎，日本著名媒体人田原总一朗在他的博客中这样写道：

我问了周围的友人，但读过这部小说的人竟然少之又少，而读过的人都说基本上没有读懂这 1000 多页的小说到底写了什么，内容没有什么意义，读起来简直就像受刑。这样畅销的小说，连在美国、法国等海外也非常畅销的小说，竟然不被日本的精英层所接受。

这是为什么呢？好奇的田原也开始阅读这部小说了。的确，田原的感觉和其他日本精英一样，这部小说刚开始的 200 页让田原感到非常难读，但是过了这 200 页，情况发生了变化，田原开始被小说深深吸引住了。

《1Q84》的故事原型为日本学生运动、联合红军事件、山岸会以及奥姆真理教。也就是说村上描绘的是日本年轻人开始作为全共斗的战士在奋战，之后分化成各种团体，最后归结到宗教团体这样一个过程。而青豆和天吾这对恋人也在这个流转过程中被摆布。好在恋爱的力量让他们努力摆脱这样被摆布的局面并取得了成果。

显然，对田原这样老一代的日本人来说，《1Q84》的故事原型都是他们亲历的事件，他们非常熟悉，他们对立志要摆脱被摆布的状况也应该是非常支持的。田原认为，这部小说之所以不被日本精英层所接受，主要是因为小说开始的 200 页安排了太多的推理道具，让人感到难以卒读。但是，作为一个读者，我们可以从村上的这部超过1000页的小说中感受到强烈的激励，并学到很多的知识。更为重要的是，这部小说会让我们再一次思考活着到底是为了什么。

按照田原的说法，只要你放下架子来阅读这部小说，那么你就会越读越喜欢的。只是日本的精英层恐怕还放不下架子。那么，普通的读者到底是如何感受的呢？日本亚马逊网站上有不少读者留下了感想，其中被认为最有参考价值的读者留言并不是一味地赞美这部小说，该留言者指出："如果要问这部小说怎么样？那么回答是，非常有意思。但是，读完之后好像并没有留下什么很清晰的东西。"实际上，很多读者也有这种感想，虽然他们都被村上矫健的文笔所迷倒，但读完之后却还是不知道作者在这部小说里到底要告诉读者什么东西。这说明，村上所反对的"精神围城"对很多人来说并没有清晰的理解，他们生活在自己制造的"系统"之中，依恋着"精神围城"而不自觉。只有对"精神围城"有所认识的读者，才会对这种宗教性的原理主义者的狭隘世界观、偏执的优越感，以及毫无顾忌地强行灌输给人们的作为愤怒不已，并与村上的思想产生共鸣。如果村上能够一以贯之，坚守这样的思想的话，那么在他强大的号召力之下，与读者之间的共鸣应该会越来越强烈。

然而，这样的共鸣现在还比较弱或许是值得庆幸的事情。日本中央大学文学部宇佐美毅教授担忧畅销书作家因为具有强大的号召力而形成新的"精神围城"，如果读者没有自己的判断力的话，就会在不知不觉之中成为法国哲学家米歇尔·福柯指出的"生的权力"的俘虏。所谓"生的权力"是与古代掌权者拥有左右他人生命的"死的权力"的反义词，是指通过信息的操作，让大家心甘情愿地去服从的现代权力。虽然《1Q84》是村上的一部力作，融合了村上以往作品中想要解决的诸多问题，具有很高的阅读价值，但是除了研究者有义务必须去阅读研究对象的作品之外，普通的读者完全有选择阅读的自由。如果读者连内容都不知道就去购买一部书的话，那么迟早会被新的"系统"

所摆布。

如果村上知道他的作品有可能会成为新的“精神围城”的话，他是否还会站起来与之抗争呢？而更为重要的是究竟又有多少日本读者注意到这个问题了呢？

《好像会念其实不会念的容易念错的汉字》

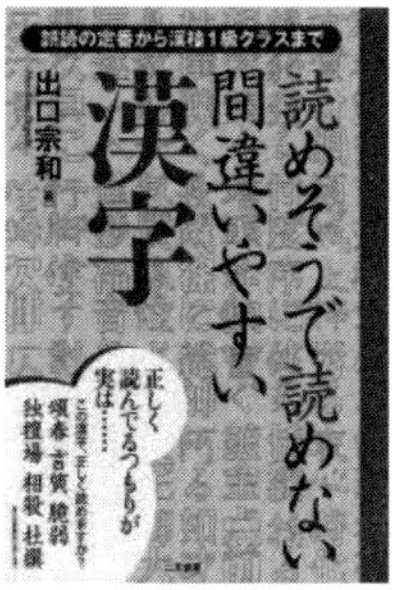

作者：出口宗和
出版时间：2008 年 2 月

【出版解题】……………………………………………………

2008 年，时任日本首相的麻生太郎在国会的答辩中念错字，声称要“腐臭”村山讲话。日本社会为之紧张，害怕又要掀起外交巨浪。首相将“蹈袭”念错成了“腐臭”，虽然最后没有引起外交问题，但是念错汉字的首相成了日本国民茶余饭后的谈资。

然而事态却朝着意想不到的方向发展着。麻生首相念错汉字的风波掀起了日本国内空前的汉字热。正如评论家泷井朝世所说的那样，虽然民众不断地嘲笑政治家念错汉字，但是大家内心也在担心自己的读写能力。首相的影响是无穷的。在空前的汉字热潮推动下，这本《好像会念其实不会念的容易念错的汉字》销售量也很快地超过 150 万册，攀上了畅销书榜的第二位。日本读卖电视台播音员道浦俊彦直截了当地指出，这本书之所以在问世 1 年之后才突然变成畅销书，毫无疑问麻生首相占了头功。

不过，日本首相的出丑虽然能带动这类书籍的畅销，但为什么这本书能够在众多同类书中脱颖而出呢？这本书的责任编辑多田胜利认为这与他们的编辑方针有关。除了实用而亲切的版面设计之外，500 日元的超低定价让更多的学生容易购买，轻量化的装订让大家携带方便，而字体的放大也使老年读者容易阅读。当然，书中庞大的内容量也是一个重要诱因。

道浦播音员有一点说错了，实际上，这本书不是才问世 1 年，而是在 2003 年就已经出版了，只是前几年的销售情况都不温不火，此前出版社对这本书进行了重新装订。随着首相念错汉字的事例不断被挖掘出来，日本国民对汉字认识有了新的需求，这本书才成了媒体的宠儿。

这本书的作者出口宗和没有想到首相念错汉字竟然成了这本书最好的宣传，不过他依然认为谁都会念错汉字，就是大学教授也不可避免。这是因为日本的汉字发音根据传播到日本的方式而有所不同，例如佛教用语的发音是“吴音”，政府和学界用的是“汉音”，而日常生活中用的是“宋音”。也就是说，日语汉字读音有 3 个来源，要弄清楚的确是非常困难的。而麻生首相“只读半边音”的错误也是由于不同来源所引起的混乱。

作者出口宗和 1945 年出生在大阪，在立命馆大学师从已故的三田村泰助教授，钻研东洋学，他曾任历史出版社的编辑，现在在市民学习机构讲授东洋学。

【读者反响】

汉字是日语中的重要组成部分，很多日本人从小就学习汉字，对汉字的掌握有相当大的自信。AKB48 组合成员增田有华和梅田彩佳就是这样的日本人。增田根据谐音把“AKB48”用汉字标记成“永系美48”，如果是她本人找出来的，那么她的汉字功底也就非常了得。然而当她们被选出为这本书的 Flash 动画配音时，才突然发现有很多汉字其实她们并不会念。通过这次配音，她们等于也上了一堂汉字课，学到了很多知识。当然她们的经验之谈本身也是一种宣传，不可否认大众媒体上的各种广告和宣传都带动了这本书的销售。

一位读者这样写道：

在某次教养类电视节目里获知本书的存在，立刻就去买了一本。不看不知道，自己竟然如此无知，一直使用的汉字也会读错。当然，读了本书，学到了很多，希望在今后的生活中能够起到一点作用。

这样的读后感很有代表性，很多读者都是拿起这本书之后才知道自己对汉字的认识竟然那样不足。惭愧之余，很多读者都是津津有味地在读这本书。他们认为虽然读了这本书之后，对汉字的自信心受到了很大的打击，但是绝对不后悔购买这本书。有位年事已高的读者也表示赞同，大有“朝闻道夕死可矣”之慨。

但是，有很多不会念的汉字其实也不是一件坏事。有位属于日本“团块世代”的读者留下了很有意思的感言：

汉字的每一个字都有自己的意思实在是很了不起的事。不过，在日语中，除了有汉字，还有平假名、片假名，还有罗马字，这让日语变得复杂而奇怪。但是这也不是一件坏事，可以说，不就是这样复杂而奇怪的日语为日本创造出非常了不起的文化吗？因为能够很好地使用这样复杂的日语，实际上也很好地锻炼了日本人的头脑。日语中有大量的汉字，虽然有些现在很少使用，大家也不太会念，但这绝非一件坏事。我们可以慢慢地去学，可以慢慢地去了解博大精深的汉字，难道这样的过程本身不也是一个很愉快的过程吗？

有位读者这样留言道：

通过阅读本书，重新认识从中国渡海而来，并且汇入日本文化里的汉字竟然有那么多种，不由得由衷敬佩。是的，汉字已经是日本文化中的一个重要组成部分，这是谁也否定不了的。由于部分汉字传来日本的时期不同，日本汉字的读音也千变万化，除非常常学习，否则大家很难规避读错汉字的窘境。

所以，山梨县甲府市征古堂书店是这样向读者推荐本书的：

虽然在电视里被炒得很热，而麻生首相大概也在阅读。不过，这本书介绍了很多作为日本人必须学会的汉字读法，所以，请每个家庭务必都要备上一本。

《勇者斗恶龙IX星空守护者 大冒险玩家的指南》

作者：vjump 编辑部
出版时间：2009 年 7 月

【出版解题】

《勇者斗恶龙》系列是日本游戏公司艾尼克斯开发的角色扮演游戏（RPG），它开创了日本游戏的新时代。从 1986 年问世以来，深受游戏爱好者拥戴，此后艾尼克斯不断开发后续的系列游戏，至 2013 年，勇者斗恶龙系列在全球的销售已经超过了 6200 万套，成为日本最受欢迎的电子游戏系列之一。

从勇者斗恶龙系列游戏问世之后，玩家指南书等相关书籍也一直层出不穷，不过，在同类书籍里只有这本书登上了畅销书榜的前 3 位。这是因为该系列游戏从第 9 款《勇者斗恶龙 IX 星空守护者》开始变成多人在线型游戏（MMORPG），而且是以移动平台为主开发的游戏。这对开发公司来说是一种新的尝试，碰到了很多意想不到的困难，公开发售时间也一再延期。而实际上，这对游戏爱好者来说同样也是新的尝试，也碰到很多以前没有碰到的问题，他们需要一本指南书来帮助他们玩好这款游戏。

2006 年底，为了纪念《勇者斗恶龙》问世 20 周年，艾尼克斯宣布将开发该系列的最新版，并邀来当时如日中天的 SMAP 组合成员草彅刚来站台助威。同时，请当时的人气声优中江真司来为这款游戏做电视广告。艾尼克斯可谓踌躇满志，与游戏迷们约定这款游戏将在 2007 年公开发售。但是，这款《勇者斗恶龙》系列史上第一款多人玩的游戏开发比想象中更加困难，为了确保游戏质量，开发商不得不将发售日期往后延。2008 年，这款游戏还是没有如期完成，公开发售的日期再一次被延期到 2009 年 3 月。但是，艾尼克斯在公开发售前夕，突然发现这款游戏存在重大缺陷，为了采用更好的通信手段，公开发售最终被推迟到 2009 年 7 月。不过一再的延期最终让艾尼克斯以及任天堂因祸得福，吊足游戏迷们的胃口后，本款游戏一经发售就取得了创纪录的业绩。

《勇者斗恶龙 IX 星空守护者》公开发售的当天本书也出版发行了。

本书比这款游戏的官方指南书早了 2 个月出版。由于本款游戏采用了很多新技术，爱好者们需要全面的游戏指南。这款游戏在公开发售的第 3 天销售数量就突破了 300 万套，因此，及时出版的本书也占了先机，赢得了市场。

【读者反响】

游戏的发展越来越复杂，对资深玩家来说虽然没有参考书也能不断闯关，但是对初入门的游戏爱好者来说，这样的游戏指南还是很需要的。

日本亚马逊网站中被网友认为最有参考价值的书评是这样的：

书中采用了平易近人的漫画，非常通俗易懂地描绘了这款游戏的基本内容。同时，也非常认真地描述了这款游戏的系统，从而使《勇者斗恶龙》游戏的入门者也能很快领会。本书就是一本《勇者斗恶龙 IX 星空守护者》的入门指南。

最后的那句评语直截了当地给本书定了位，其实本书并不是《勇者斗恶龙》的官方指南，艾尼克斯发行的正式官方指南在 2 个月之后才出版，而在此期间本书是唯一的游戏指南书。其中，也有读者没有忘记这点，认为本书只不过是正式的官方指南书出版之前的一种应急用品，只要不是首次购买《勇者斗恶龙》系列游戏的玩家基本上都不需要这本书。

除了玩游戏的需要，购入本书的读者里还有很多是因为喜欢这款游戏的插画师鸟山明。鸟山是日本著名的漫画家和设计师，在日本拥有大量的粉丝。有位读者在日本亚马逊网站上留言：

我购买本书的最大目的不是游戏的攻略，而是期待看到鸟山先生的插画。非常高兴的是，我做对了。全书有376页，非常厚，而且全部是彩色印刷。从封面开始就能感觉到本书的高档质感，而鸟山先生的插画印刷得也非常精美，色彩变化的处理非常出色。本书不仅登载了出场人物的造型画，封面也汇集了很多不同的人物造型，而且，还登载了鸟山先生的插画解说。真是太值得了。

不过，粉丝的欲望也是无边的，这位读者并不满意书中配角的插画，认为那些画的尺寸如果再大一点的话那就太好了。

有位读者这样留言：

妈妈把我上次送给她的礼物，也就是本书里附录的地图放大打印下来，并在上面记录了她在游戏中发现的炼金素材和宝藏的地方。我看到这里不禁一怔。原来游戏就是这样会让人着迷的、非常有意思的东西啊。

20年前，我和弟弟两个人简直是读破了游戏攻略指南书，也在书上到处留下了文字和记号。但是，当时妈妈却规定我们每天只能玩30分钟。我们两人只能利用这有限的时间来玩游戏，联手攻破了《勇者斗恶龙》的全部关卡，但是却没有最后攻克另一款著名游戏《最终幻想》，想想还是非常不甘心的。我们两人几次三番地恳请妈妈给我们增加玩游戏的时间，但一直没有得到同意。妈妈不理解我们的心情，当时的我们感到真是太悲哀了。现在看到妈妈在游戏的地图上密密麻麻地留下文字和记号，突然觉得妈妈并不是不理解我们当时的心情，而是害怕我们沉湎于游戏而不能自拔。想到这里，不由得鼻子一酸，眼泪就快要流出来了。

在日本乐天网站上有一则书评很有意思，那是一位母亲的留言：

儿子是小学2年级学生，奶奶给他买了这套游戏。儿子把游戏的说明书反复地看个不停。看着他迷恋的样子觉得最好还是给他买本指南书，只是在选择本书还是官方正式的指南书时十分犹豫。但是，由于本书可以马上入手而且比较便宜，所以决定购买本书。

在儿子暑假的前一天，本书快递到家，我把它放在客厅的桌子上，果然儿子放学回来一进门就捧起了书。我对游戏是一窍不通，但是看到小学生也能读本书不由得非常欣慰。

果然这本指南书是老少皆宜的。

| 第三章 |

如果高中棒球队女后勤读了德鲁克的《管理学》

第一节　见证日本之 2010：中国印象

靠出口拯救日本经济

元旦，随着平城迁都 1300 年纪念活动拉开序幕，日本步入了 2010 年。

平城是奈良时代日本首次模仿中国文化而建设的都城，具有重要的历史意义。本来，日本想通过此次纪念活动来向世界弘扬日本文化，甚至还借用了安倍首相的政治口号"美丽的日本"。但是，随着日本经济形势的恶化，原来的预算 300 亿日元最后缩减到 100 亿日元，很多活动无法展开，因此，组委会不得不放弃了原本的口号，并压缩了这次纪念活动的含义。这次活动反而成为日本政府及地方各级政府的财政状况依然非常严峻的象征。

在政府无法扩大公共投资规模的同时，日本的个人消费也没有什么增长，而民间企业的设备投资更是放不开手脚。虽然也有些许增长，但增长幅度只有 0.7%，说明日本企业对国内的生产依然缺乏信心，没有进一步扩大的意思。这样导致了民间企业的支出和政府的公共投资完全没有拉动日本经济走向好转。

不过，这一年的出口为日本经济做了巨大的贡献，并拉动了 GDP 的增长。在全球金融危机后，中国政府的努力给国际经济注入了强心剂，日本也不例外地享受了中国市场的恩惠。尽管在这一段时间内，日元汇率上升了 10% 左右，日本企业非常担心他们产品的国际竞争力会受到汇率的影响而下降。但是，由于中国市场旺盛的购买力，拉动了日本企业的出口，从而维持了日本产品的国际竞争力。这一年，日本对中国的出口增加了 36%，超过了 12 万亿日元，中日之间的贸易总量也增加了 30%，规模超过了 25 万亿日元。尽管如此，让日本社会感到非常复杂的是，年初日本政府公布的 GDP 数值，证明了中国的 GDP 总量已经超过了日本。从这个瞬间开始，日本告别了已经稳坐 40 多年的“世界第二大经济体”的宝座，中国成为世界第二大经济体。

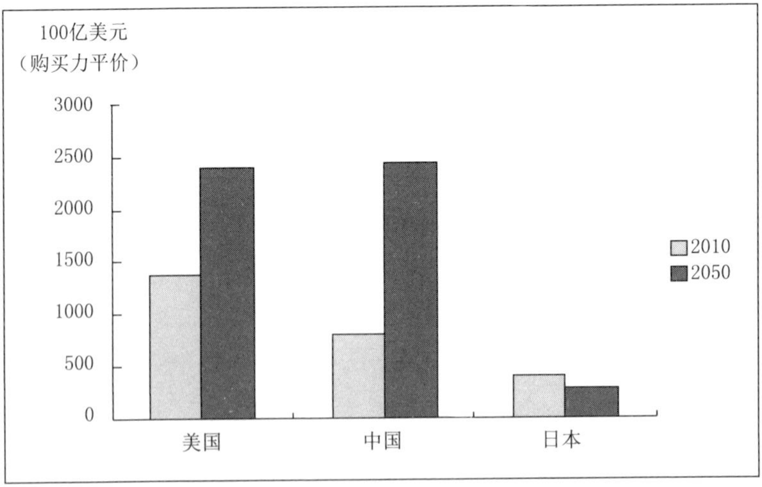

图 3　中日美 GDP 比较

资料来源：21 世纪政策研究所

但是，因为出口的增加，日本企业的业绩得到大幅度的改善，很多企业的业绩恢复到金融危机之前的水平，而与中国业务有关的企业在销售方面基本上都实现了两位数的增长。

企业收入≠民众收入

虽然出口的局势十分喜人，但日本国内的需求依然看不到继续扩大的迹象。企业的法人所得虽然有所增加，但是日本企业对未来的趋势并没有乐观的判断。因此，他们只愿意增加临时的奖金，但不愿意增加员工的工资，也就是企业所得的增加没有和个人所得的增加联动起来。这让消费者只能继续压抑他们的消费，继续追求价格低廉的产品。

同时，日本企业也在谋求削减员工的成本，他们尽量避免录用正式员工而倾向录用临时员工，这使得日本企业中的非正式员工的比例逐年增长。预定在 2011 年春天正式就职的学生比例只有 77.4%，这是自 1999 年以来的最低数字。由于日本的终身雇佣制，日本企业积极录用非正式员工，因为能容易地辞退他们，从而最大限度地保证企业的利益。但是，这对非正式员工来说就是攸关生死的大问题了。到年末的时候，非正式员工突然被辞退的情况愈来愈多。为了救济这些失去工作的非正式员工，日本社会出现了“过年派遣村”。在一年中最重要的节日，如过年的时候，一些支援团体会在公园里为那些失业者准备食物，介绍工作。这种“过年派遣村”曾经引起了日本社会的广泛注意，但是这样的状况成为常态化之后，大家对这个问题也就不太关心了。

虽然日本很多企业的收入有所增加，但是这与员工个人的收入并不挂钩，日本人的平均收入继续下降，很多日本国民也就不敢增加消费，廉价商品依然是大家的首要选择。提供廉价商品的几家大型商场，从中国等地进口大量价廉物美的商品，在当时获得了商业上的巨大成功。这种消费廉价商品的趋势从地上扩大到空中，经济型航空公司进入日本航空市场，超低价的机票吸引了大家的眼球。这给老牌航空公司带来巨大的冲击，日本代表性的航空公司“日本航空公司”因此无力摆脱经营危机，不得不与其子公司“日航国际”及金融子公司“JAL Capital”一起向东京地方法院申请破产，3 家公司的负债总额超过 2.3 万亿日元，成为日本第二次世界大战后在金融业之外的最大企业破产。日本航空社长西松遥等管理层全部辞职。

另外，日本振兴银行由于 1804 亿日元的巨额债务无法处理而只能申请破产。这样，日本的存款保险制度首次实施。账户内不超过 1000 万日元的储户可以得到保护，有 97% 的储户取回了他们的存款，但还是有 3% 的储户大概有 3500 人因为存款超过 1000 万日元而无法全部取回他们的存款。

由于当时日本零售行业持续不景气，百货商店也出现了关店潮。1 月，阪急阪神百货店和松坂屋冈崎店宣布关门。3 月，伊势丹吉祥寺店和松坂屋名古屋店关门。12 月，西武有乐町店也最终关门。而在超市方面，永旺集团希望通过合并来改善收益，宣布将旗下加斯科等子公司进行合并，店名统一使用永旺品牌。

索尼公司宣布在 2010 年 4 月停止生产音乐播放机 Walkman，为索尼帝国建立了不朽功勋的 Walkman 即将面临停产，这也象征索尼已经不再是原来的索尼了。一代日本的代表企业逐渐失去了原有的光辉。

一步一步地改变

虽然大家不能放开手脚消费，但对新产品的追求热情依然没有泯灭。2008 年，开始在日本销售的 iPhone 终于在销售 2 年后引爆了日本的智能手机市场。2010 年，日本智能手机的销售量与上一年相比翻了一倍，让日本也步入了智能手机的时代。

8 月，人体器官移植法修订后的首例移植手术在日本全国的 5 家医院里同时开始。在死者家属的同意之下，20 多岁的男性死者的心脏、肺、肝脏、肾脏和胰脏被分别捐献给 5 位日本病人。

9 月，中国渔船在钓鱼岛海域与日本保安厅巡逻船发生碰撞，日本逮捕了该中国渔船的船长。但在中国的强烈抗议下，日本政府迅速地释放了该名中国船长。此事件的发生使中日关系急剧降温，民间交流也遇到了困难。由于对日本政府处理渔船事件十分不满，有人把海上保安厅摄制的渔船与巡逻船相撞的录像泄露到互联网上，日本政府并没有对泄密者采取任何措施，反而追认了录像的公开。在这一连串事件之后，日本国民对中国的整体印象进一步恶化。

自 2008 年以后，日本科学家再次获得诺贝尔奖。北海道大学名誉教授铃木章和美国普渡大学教授根岸英一，由于他们在有机合成中的钯催化交叉偶联反应方面做出的贡献获得诺贝尔化学奖。

从数据上看日本的 2010 年，住宅建设开工率比上一年增加了 3.1%，而汽车的新车销售增长率也比上一年增加了 7.5%。只是百货商店和超市的销售额还是没有起色，连续 14 年呈现负增长。在劳动和雇佣方面，延续了上一年的状况，2010 年的年平均失业率为 5.1%，12 月的失业人数是 298 万人，比上一年减少了 19 万人。

第二节　社会思想的整体移轴：自治是管理的基础

自治的畅想：大阪掀起的浪花

大阪的樱花通常比东京要早开半个月，2010 年也是如此。

3 月，在樱花盛开的时候，大阪府桥下彻知事所领导的大阪维新会公布了“大阪都构想”。这个构想就是把大阪府和大阪市合并成一个更大的行政区，以消除“双重行政”。“大阪都构想”是桥下的地方分权主张的主要体现，他的主张得到了大阪府民的狂热追捧，从而刮起了一股“桥下旋风”，让现有的政党不得不为之侧目。

明治维新之后，明治政府在日本历史上首次真正地实现了中央集权的统治。一个世纪以来，这样的统治让日本国民错以为这种制度是古已有之。因此，当泡沫经济崩溃后，日本各地经济日益疲惫，地方财政债台高筑，而中央政府却拿不出有效的对策时，中央集权就与官僚体制共同地成为被批判和被攻击的对象。

在竞选大阪府知事的时候，桥下彻打出的口号就是地方分权。桥下因此赢得了大阪府选民的狂热欢迎，地方分权也成为一种新的“空气”。这样的“空气”让日本既有政党无不对此战战兢兢，他们不得不竞相去迎合桥下。在桥下提出“大阪都构想”之后，国会也特地为此通过了由国会议员牵头起草的《大都市地域特别区设置法》，为大阪实现大阪都大开绿灯。而日本国会中的七大政党没有一个持反对意见，几乎是全体一致地同意了这个法案。可以说，这是现代日本社会又一个"空气"支配的典型。一旦"空气"酿成，那么反对的声音就会被封杀。实际上，有多少国会议员真正理解大阪都构想的实际内容呢？

地方自治的核心在于税收，若想强化地方自治就需要增加地方自治体的财源。但是，现在日本的收税权集中在中央政府手里。为了照顾地方的经济差异，中央政府会从税收中拿出一部分来分拨给地方。然而，各种税收的分拨比例也不尽相同，比如，所得税部分是32%、酒税是32%、法人税是34%、消费税是29.5%、烟草税是25%。这些比例都是法律规定的，看上去似乎也不少。但是，在幕府时代，中央政府并没有全国的征税权，各地方的税收全部归各地大名所有。所以，与以前相比，现在日本的地方税收就显得少多了。现在日本地方政府的税收只占了全国税收的30%左右，地方自治也被揶揄地称为"三成自治"。如果要真正地实现地方分权的话，那就应该让地方政府获得更多的征税权。但是，桥下的"大阪都构想"中并没有改变现在中央和地方的收税比例，而是强调要改善地方行政效率。

东京都大田区的前议员奈须理惠以东京都的事例来说明"大阪都构想"并不是地方自治的理想方案。和"大阪都构想"一样，东京都也是在撤销了原本的东京府和东京市后建立起来的。东京都下设有区，区长都由东京都任命，而区的财政也无法独立。结果，本来各区可以收到的税收都被东京都统一收取了，只有一半税收会被返回到各区，而东京都层面可以获得东京一半的税收。如果没有设立东京都，则东京各区的税收当然会更多。按照奈须的揭露，建立了都区之后，各个自治体的财政反而更加恶化了。那么，为什么要设立东京都呢？1943年，日本处于战争经济十分紧张的时代，日本需要集中更多的战争资源。而设立东京都，中央政府就能够把更多的税收用到战争方面去。也就是说，东京都的设立并不是地方分权的强化，而为中央集权提供了强有力的辅助。虽然在第二次世界大战后，东京都下面的各区区长也需要通过选举产生，但是，都和区的关系并没有本质的变化。如果大阪都只是步东京都的后尘，那么，这个所谓的地方分权，并不会让大阪获得更多的财源。

但不同以往的政治口号就会受到喜欢尝鲜的选民的欢迎。2010年，大阪维新会发表“大阪都构想”后，地方分权的口号一时赢得了选民们近乎狂热的欢迎。在2011年11月的大阪府和大阪市的首长选举中，大阪维新会在两场选举中轻松地赢得了胜利。但是，到2013年的时点，民众对“大阪都构想”已经失去了新鲜感，而大阪府下面的各个自治体也无法体验到大阪都给他们带来什么好处，“大阪都构想”开始遭到选民的质疑。在大阪府的主要地区堺市的市长选举中，选民选择了反对“大阪都构想”的候选人竹山修身。此后，由于堺市继续反对“大阪都构想”，地方分权之热也逐渐冷却。

为了挽回实现大阪都的最后机会，时任大阪市市长的桥下提前了市长选举。他想用自身在大阪的人气为“大阪都构想”再争取一次机会。桥下的主张是只要他高举“大阪都构想”的旗帜重新当选大阪市市长的话，那就意味着民意已经接受这个构想，其他政党都应该顺从民意。可是，其他政党对桥本的挑衅采取了不理睬的态度，让大阪市市长竞选成为桥下一个人的独角戏。结果，这次市长选举的投票率只有23%，创历史新低。虽然桥下还是重新当选，但他也不得不承认这样的当选很难说得到了民意的支持。

不过，桥下认为并不能拿超低的投票率说事，因为在最近的其他选举中，投票率都非常低，投票率在20%左右的也并不在少数。但是，如果桥下依旧认为超低的投票率并不会影响地方自治的话，那就说明桥下本身对自治的概念并不理解。因为超低的投票率实际上让民主主义形式化了。2002年，瑞典曾经通过一个法案，即《新世纪民主主义法》。之所以通过这个法案是因为当时瑞典的投票率降低到81%，引起了瑞典社会对民主主义的危机感。瑞典政府为了不让民主主义形式化，真正地做好国民的自治，就希望通过强化民众关于民主主义的教育，争取让更多的国民参与选举。与此相比，桥下所谓的地方分权与国民自治还相差非常远。

大阪古称浪花，饶有诗意。桥下彻的“大阪都构想”虽然具有巨大的冲击力，但却像碧海中的浪花泡沫，转瞬即逝。2015 年，大阪市民投票明确否决了“大阪都构想”，桥下也因此不再谋求连任市长，暂时告别了政治舞台。不过，“大阪都构想”被否决并不意味着桥下本身已经失去了政治影响力。

自治组织的衰退：町内会的崩坏

当日本全国被自治体的行政效率问题吸引的时候，日本最基层的民主主义衰退却没有被引起足够的注意。

町内会是日本社会最基层的社会团体，它的前身是第二次世界大战时期军国主义国家体制中的末梢组织“邻组”。战败之后，邻组被美国勒令解散。但很快就以町内会的名义重新复活。不过，复活后的町内会不再是国家体系中的末梢组织，而完全是一种自发的居民自治组织。随着个体社会的深入发展，参加町内会的居民日益减少，町内会已经面临能否存在下去的危机。

其中，有一个町内会的 N 会长竟然在策划如何解散这个组织。

在日本法律上，町内会并不是法人而是一种任意团体，参会和退会都是自由的。虽然并不强求区域内的居民一定要参加町内会，但是长久以来，居民的参加比例都非常高。实际上，町内会是由居民自发组织，并且带有促进邻里和睦、促进社区共同利益的一种自治性组织。町内会的运作经费来源主要是成员缴纳的会费。一般来说，每年都会开成员大会，投票通过本年度计划，然后按照年度计划逐条落实。通常每年的地区运动会、防灾训练和夏天的祭祀活动等社区比较大的活动也由町内会协调组织。町内会虽然规模较小，但其下还有老人会和儿童会等下部组织，负责处理町内会成员的生老病死的问题。而他们平时最主要的工作就是安排社区内垃圾处理、公共场所的路灯管理、电费的征收，以及分发区市政府的各种宣传资料。因此，看似非常松散的任意团体，实际上也有非常多的工作需要有人打理。

町内会的烦琐的任务让很多日本居民生厌，他们不想为此花费很多时间。而N会长的故事更能说明他们面临的困境。

从一开始，N会长就不是自愿就任町内会会长一职的。因为会长谁也不愿当，最后只能用抓阄的方式决定。处理各类杂事需要花费很多时间，这让每天需要正常上班的N会长耿耿于怀。

N会长所在的町内会由150个家庭组成，其中有一半的家庭其成员年龄都超过了65岁，而有15个家庭还是超过65岁的独居老人。所以，街区里平时基本上看不到行人。除了各类事务需要耗费大量时间之外，N会长和町内会的老人们在很多问题上的看法并不一致，其中最让N会长不高兴的是对日本国旗国歌的认识不一致。在日本国定假日里，除了N会长会在家里悬挂国旗之外，街区内没有第二家挂国旗。N会长认为，町内65岁以上的老人基本上都是反对资本主义的左派分子，但是他们却仍旧享受着资本主义的好处。而N会长这样年轻的一代却在为这样的社会保障制度做贡献，而且还不知道以后能不能享受到同样的社会保障。年轻的N会长认为这些老人就是导致日本衰退的元凶，为他们服务让他感到非常痛苦。

所以，N会长想出了一个绝招，就是试图解散町内会。町内会每年都要召开全体大会，按照章程，只要有一半以上的成员出席，大会的决议就可以生效。N会长的町内会由150个家庭组成，只要有超过76个成员出席的话就可以了。不过，町内会成员出席大会的热情并不高，通常只有50位左右的参加者。参加人数不足，则大会决议就无法生效。实际上，历年的大会都需要一些成员把投票权委托给町内会会长，才能凑足必要的参加人数，从而保证大会决议的有效性。N会长就想利用这个机会，把他所获得的委任状都变为支持他解散町内会决议的选票。走访的结果，N会长获得了46张委任状，从历年大会的参加人数情况来看，N会长已经获得了足够的多数选票，能够通过解散町内会决议。

然而，这一年的町内会大会的参加者一举超过了 80 名，已经超过了 N 会长所拥有的选票。非常有意思的是这些被 N 会长厌恶了一年的老人们之所以积极参加这次大会，就是因为他们觉得让一个有正常工作的年轻人担任会长，并且为大家服务实在是不太应该了，因此特地赶来感谢 N 会长，并且要求贯彻以前定好的规矩：町内会会长应该由 60 岁到 70 岁之间的人担任。最后，新的町内会会长顺利产生了。N 会长打算解散町内会的动议还没有提出就被葬送了。

N 会长的博客非常具体地记录了町内会的真实情况，结果虽然看似非常圆满，但实际上町内会的问题并没有得到解决。在日本町内会的崩坏之声不绝于耳，日本社会的自治传统面临前所未有的危机。NHK 电视台为此还专门制作了电视节目。

NHK 的这档节目指出：日本全国的町内会的参加率已经从 70% 下降到 20% 左右，尤其在城市问题更为严重。由于高龄化以及家庭主妇外出工作的增加，能够承担町内会工作的人也越来越少，而政府为了减少运作成本，也增加了对町内会的委托业务。现在町内会不仅要处理各种社区活动，还要处理垃圾问题和防范对策、老年看护等多种问题，这也让很多居民对町内会望而却步，不愿参加。由于不参加町内会的居民也能享受到社区的很多服务，所以又引发了很多参加町内会的居民的不满。町内会内外发生的问题已经演变成一个很大的社会问题，需要日本社会引起重视。

失去“世界第二”的桂冠而失落

世界第二大经济体的桂冠日本已经戴了 40 年，甚至成为日本的代名词。日本失去这一桂冠时，失落感也是非常巨大的，以至于曾有一段时间日本媒体对这个新闻都默契地保持了最低限度的沉默。

1969 年，在日本举办大阪世博会的前一年，日本政府自豪地宣布日本的国民生产总值（GNP）已经达到 1419 亿美元，超过当时的西德，成为世界第二大经济体。日本经济的高速发展被认为是一种奇迹，使被认为是落后象征的日本式经营转眼之间成为大家敬畏的对象。10年之后的1979年，美国哈佛大学教授傅高义出书极力称赞日本，《日本是第一》成为当时的畅销书。日本似乎也没有辜负美国人的称赞，又一个十年后，1989年，日本股市日经指数达到了38915点，创历史新高。不料这却是日本泡沫经济的象征，泡沫经济自然是要崩溃的，而日本并没有摆脱其后遗症的经验，因此陷入了长期的经济低迷状态。到1999年，日本中央银行甚至不得不推出零利率政策。与日本经济的长期低迷不同的是，中国经济开始腾飞，而且发展速度远远超过了大家的预期。2009年，日本政府根据中日两国GDP的增速做出了预测，在中国举办上海世博会的2010年，日本将不得不把世界第二大经济体的桂冠拱手让给中国。

2009年到2011年间，不同数据都在不断地证明中国经济总量超过了日本，但是，日本的主流媒体对此都保持了最低限度的沉默。很多媒体在承认这个事实的同时，仍不忘强调中国人均GDP只有日本的1/10、中国的能源效率只有日本的1/5、中国贫富差距正在加大，而国民对政府的信任度也在降低，等等。常驻美国的日本记者金平茂纪在自己的博客上指出：与美国《纽约时报》等媒体相比，日本媒体对中国经济总量超过日本这样的新闻并不热心报道。因为日本在很长时期内被世界第二大经济体这个桂冠所束缚，而有时候，这个桂冠给予了国民以自豪和矜持，有时候又让国民变得非常傲慢，还有时候日本国民知道这样的桂冠实际上和自己的生活并没有直接关系，而感到非常空虚。但是，日本失去这个戴了40多年的世界第二大经济体桂冠，意义还是非常重大的，到底什么时候日本才能正视这个现实呢?

媒体的低调可能是因为中国经济不仅超过了日本，而且中国经济还将继续增长，有望超过美国。对日本来说，除了希望中国经济自己减速之外，重新夺回世界第二大经济体的桂冠似乎已经看不到任何可能。

因此，也有一些日本右翼的评论指出：日本在战后所谓的经济增长都是和战争有关的，从朝鲜战争到越南战争，还有美国策动的冷战，都给日本带来了“战争特需”，让日本在战争中渔翁得利。日本紧跟美国，获益匪浅。当美国赢得冷战之后，由于害怕日本坐大，发动了针对日本的经济战。结果，全球化冲垮了日本的经济基础，而中国却享受了其中的好处。既然美国也靠不上了，那么日本只有想办法夺回曾经让人自豪的日本了。

虽然在历史的长河里，中国一直遥遥领先日本，但是在最近的100多年中，日本后来居上。最近的领先使日本民族自信心勃发，然而，一旦中日之间在经济规模等方面出现再次逆转，日本就可能产生一种强烈的对抗意识。日本的政治家们为了自己的权力和利益，巧妙地利用了日本民众的这种意识，结果只能使中日关系江河日下，越走越远。

当年十大新闻

- 中国渔船和日本海上保安厅巡逻船在钓鱼岛附近海域相撞
- 根岸英一和铃木章获得诺贝尔化学奖
- 日本宫崎县发生家畜传染病口蹄疫问题
- 日本气象厅公布2010年夏天是113年观测史上最热的夏天
- 鸠山由纪夫首相辞职，菅直人接任首相
- 日本小行星探测器“隼鸟号”成功返回地球
- 民主党在参议院全国大选中惨败，失去国会中的多数党地位
- 日本相扑力士琴光喜等多人，因参与违法棒球赌博被解雇
- 调查“残疾人邮政制度滥用事件”的大阪地方检察厅主任及搜查官，因涉嫌隐蔽和篡改证据而被捕
- 日本国家足球队在2010年南非世界杯中小组出线

第三节 畅销书之 2010：管理·瘦身

2010				
排名	书名	作者	出版时间	出版社
1	もし高校野球の女子マネージャーがドラッカーの『マネジメント』を読んだら 《如果高中棒球队女后勤读了德鲁克的〈管理学〉》	岩崎夏海	2009 年 12 月	ダイヤモンド社
2	巻くだけダイエット 《卷卷就能瘦！》	山本千尋	2009 年 6 月	幻冬舎
3	体脂肪計タニタの社員食堂 500Kcal のまんぷく定食 《体脂肪计百利达的员工食堂》	タニタ	2010 年 2 月	大和書房
4	ポケットモンスターブラック・ホワイト公式完全ぼうけんクリアガイド 《口袋怪物·黑白 官方完全冒险指南》	元宮秀介、ワンナップ 编	2010 年 11 月	メディアファクトリー
5	1Q84 book3 《1Q84》book3	村上春樹	2010 年 4 月	新潮社
6	ポケットモンスターブラック・ホワイト公式イッシュ図鑑完成ガイド 《口袋怪物·黑白 官方地方图鉴完全指南》	元宮秀介、ワンナップ 编	2010 年 11 月	メディアファクトリー
7	伝える力 「話す」「書く」「聞く」能力が仕事を変える! 《传达力》	池上彰	2007 年 5 月	ＰＨＰ研究所
8	新・人間革命　第 21-22 巻 《新人间革命》第 21-22 卷	池田大作	2010 年 3 月 2010 年 11 月	聖教新聞社

续表

2010				
排名	书名	作者	出版时间	出版社
9	創造の法 《创造之法》	大川隆法	2010 年 1 月	幸福の科学出版
10	くじけないで 《请不要灰心呀！》	柴田トヨ	2010 年 3 月	飛鳥新社

资料来源：株式会社トーハン

2010 年被定为日本的国民读书年。

而这一年畅销书的关键词是“管理”。日本人在长期封闭的群体社会中养成了自我管理的生活习惯，他们本来并不缺管理能力，日本人到什么地方都会很快地形成一个自治的小团体就是最好的明证。但是，这一年，管理突然成为大家渴望的东西。而这样的渴望促成了日本百年老店钻石出版社破天荒地出了一本超过百万册的畅销书：《如果高中棒球队女后勤读了德鲁克的〈管理学〉》。

本书作者岩崎夏海本来和德鲁克并没有交点，他在探究如何把游戏《最终幻想》里互不相识的玩家组织起来的时候，德鲁克的一句话给岩崎指明了方向。玩游戏本来是各个玩家独自的爱好，但在这里也可以看到组织的力量。这则逸事也说明了“组织”实际上是到处存在的，而“管理”也就无所不在。实际上最近几年，无论是日本企业还是日本社会都出现了各种管理上的问题，因此，出现了学习管理的热潮。

而这种热潮并没有让爱美的日本女性失去理智。尽管电视、杂志在铺天盖地地宣传一本叫作《卷卷就能瘦！》的书，说是只要使用一根简单有趣的带子，马上就能感受到身体在改变，甚至减肥可以不需要意志力。但大多数购买本书的日本读者却都意外地非常冷静，他们接受书中所说的骨盆矫正的有效性，但并没有百分之百地相信这是一种瘦身的捷径。

骨盆矫正应该有瘦身效果，但那可能只是因为矫正了骨骼使得淋巴等流通变得更加畅通，让脂肪更加容易燃烧，从而达到瘦身的效果。但是，不运动的话，脂肪也就无从燃烧，也就达不到瘦身的效果。也就是说，健康并不会从天而降，而是需要通过管理才能获得的。

《体脂肪计百利达的员工食堂：只有 500 卡路里但可以吃饱的套餐》一书，则更是健康需要管理的明证。通过精确的计算和搭配，员工食堂的饭菜也能做到色香味俱全，而且有助于健康。

这些畅销书从不同的角度反映了日本社会对于管理和健康瘦身的需求。

《如果高中棒球队女后勤读了德鲁克的〈管理学〉》

作者：岩崎夏海

出版时间：2009 年 12 月

【出版解题】

英语中的“manager”含义跨度非常大，包含从领袖到办事员的含义，虽然都具有管理的意思，但是在汉语中无法用一个词来对译。然而日语就没有这样的困难，他们可以用片假名直接引进外来语。比如艺人的经纪人、学校球队的后勤、职业运动员的助理在日语中都可以用同一个外来语来表示，而这个外来语最终这也逐步脱离原来的词义，形成了日语的独特用法。

本书题目中的日语“manager”并不是指棒球队的管理人员而是指专门做后勤的助理人员，可以说与管理简直是风马牛不相及。而且德鲁克的《管理学》是一本严谨的学术著作，对高中生来说并不是那么容易理解的。如果一个高中棒球队的女后勤读了这本《管理学》，会有什么样的结果呢？相信这会引起很多人的好奇，用来做书名，那么这本书已经成功一半了。

出版本书的钻石出版社是一家偏重经济类书的百年老店，但是在这么长的公司史上还没有出版过 1 本销量超过 100 万册的书。这家公司的编辑慧眼识珠找到的这个选题，带来了超过 200 万册的销量，也创造了钻石出版社的历史。实际上，钻石出版社本身拥有德鲁克著作的日文版权，也出版了一系列的相关书籍，为什么唯独本书能够取得如此好的销售业绩呢？

德鲁克被誉为现代管理学之父，他的管理学思想影响了数代追求创新及管理实践的学者和企业家们。他的著作本来应该是商学院的学生课本，或是商业精英们的参考书，因此德鲁克的著作虽然被翻译并在多国出版，但是读者群还是比较有限。钻石出版社的编辑想出了用小说来解读德鲁克管理学精髓的确是别出心裁，这能够吸引更多的读者。事实上书名中的“女”“高中生”“德鲁克”“管理学”，这几个单词一个也不能少，串起来就足以吸引读者的眼球。为了吸引更广泛的读者，本书的书名也是不得已才会弄得如此之长。

当然，若只是书名吸引人还是远远不够的，本书作者岩崎夏海对德鲁克著作的精巧解说才是本书畅销的原动力。本书是岩崎的处女作，从艺术大学的建筑专业毕业的他没有按照父亲的愿望成为建筑家，反而成了剧本作家。本来岩崎和德鲁克也没有任何交点，但是在玩游戏《最终幻想》时，他发现想要把互不相识的玩家组织起来，一同击败力量强大的怪物并非容易的事。在探究如何解决这个问题的时候，德鲁克的一句话给岩崎指明了方向。随着了解的深入，岩崎对德鲁克入了迷，并且成了活学活用德鲁克管理学的专家。玩游戏本来是玩家个人的爱好，但被组织起来的力量更大。这则逸事也说明了“组织”其实是到处存在着的，而对组织进行“管理”也是无处不在的。很多读者在读完本书后，都想马上去读德鲁克的《管理学》，这不仅是日本社会的需要，也恰恰是钻石出版社想要达成的目的。

2011 年 4 月，本书的销售量超过了 200 万册。如此的畅销也吸引了各种媒体的注意，本书被改编成漫画，并于 2010 年 12 月开始连载。2011 年 4 月，日本 NHK 电视台播放了本书的动漫版。6 月，人气组合 AKB48 的主要成员前田敦子主演的电影版也在日本公开上映。截至 2013 年 7 月，本书销量突破了 250 万册，加上电子版总销量已经突破了 270 万册。

本书作者岩崎在一次采访中提到，如果能够真正地领会本书的内容，那么日本的每一支高中棒球队都能进入甲子园角逐冠军宝座。虽然，这在理论上是可能实现的，但在现实生活里还没有一所高中的棒球队真正是因为读了本书而跻身甲子园决赛的，所以女后勤们还是有机会的。

【读者反响】

日本读者对本书有非常准确的定位。

一位读者在他的博文中指出：

本书是以小说为体裁的德鲁克《管理学》的入门书。虽说这不是一部正统的小说，而且让高中棒球队的后勤来读《管理学》的设定也多少有点勉强。但是，读完之后，感觉非常好。连对“萌”系封面设计与内容不相匹配的印象也烟消云散了。总之，读完本书之后会让人迫不及待地要去读读德鲁克的《管理学》。

读者产生了这样的认识，其实是达到了出版社的原来目的，也就是把本书当作一本引导读者去读德鲁克原作的入门书。而且，正如另一位读者在日本亚马逊网站上指出的：对那些没有读过原作的读者来说，这本小说就是非常珍贵的作品了。很多商业书籍都有一种通病，尤其是美国出版的这类书籍，都是厚厚一本，大概没有多少人能把这样厚的书通读一遍。而这本书，通过小说的形式一下子就降低了学习德鲁克《管理学》的门槛。因此，希望还没有读过德鲁克原作的读者，以及高中生、大学生，或刚刚踏上工作岗位的年轻人都来读一读这本小说。

不过，作为一本有关德鲁克管理学理论方面的著作，很多读者对本书感到不满足，主要原因就是本书的内容有些太浅薄。

日本亚马逊网站有位读者指出：

很多读者都认为本书文章幼稚、故事陈腐、歪曲了棒球理论等，但是，我则认为本书的立论本身就非常不合适。高中棒球队运用德鲁克的《管理学》并不合适。因为《管理学》开卷就阐明了是以付费客户存在为前提的企业管理论，而高中棒球队是不折不扣的非营利组织，显然《管理学》是不适合的。小说主人公认为棒球队的客户就是与棒球队有关的所有人，把棒球队定义为让来看比赛的人都能感动的组织，实际上这都不是严格意义上的定义。如果一定要用德鲁克的力量，那么运用德鲁克的《非营利性组织的经营》不是更加合适吗？

还有更加犀利的批判。一位读者指出：

可以断言，本书作者并没有好好地读过德鲁克的《管理学》。从小说中可以知道，作者只是浏览了《管理学》，从而适当地在里面找了一些内容引用到小说里。这一点只要稍微学习过经营学的人都能容易察觉到。问题是作者没有好好地理解德鲁克，在小说里对德鲁克的解释不仅不正确，而且还是有害的。所以，这本书实际上并不适合作为管理学的入门书。其实，德鲁克的《管理学》写得非常通俗易懂，而且书的价格也不贵。那才是一本地地道道的管理学入门书籍。

这样的批判显得有些专业，但是，更多的读者还是认为这本书对大家理解管理学有很大的帮助。读者认为可以通过本书先学到管理学的基础性内容。

社会上对这本书给予了很高的评价，尤其是对涉世不深、对经营理论一无所知的高中生来说是恰如其分的。这部小说成功地把高中生引进了德鲁克的世界，对于这点应该没有人会提出异议的。

还有一点，正如一位读者在日本亚马逊网站上指出的，就是本书的销售盛况。在这个出版业萧条的时代，能把书卖出去已经不是一件简单的事，但本书的销量早已突破了200万册，不得不说这是非常了不起的。钻石出版社是真正把德鲁克的精髓学到手的企业，而这本小说也是德鲁克管理学的一种体现。

《卷卷就能瘦!》

作者：山本千寻
出版时间：2009 年 6 月

【出版解题】

不仅可以在中国的网络上找到《卷卷就能瘦!》这本书的资料，而且官方中文版也在日文版出版后 1 年在中国出版了。为什么这样的书，国内出版社也跟得那么紧呢？原因可能就在于本书宣扬的是一种最不需要意志力的减肥法：卷卷就能瘦!

在网上也可以查到很多本书以及作者的相关资料。本书作者山本千寻，出生于日本名古屋市。现在是日本首屈一指的指压治疗医师。30 岁时，她曾患上妇科病，身体每况愈下。但是，山本在接受了脊柱指压按摩疗法后，因为一根简单的带子，矫正了她的脊椎和盆骨，从而减轻了她的体重，让她病痛消失，重获健康。现在，她在名古屋、大阪等地，举办“山本千寻的健康美丽课堂”，在东京品川区的私人事务所里，为艺人、专业运动员等各界人士进行身体保养训练，并且广受好评。作为亚洲第一位致力于研究新式美容、健康和抗老化方法的女性指压治疗师，她的美容瘦身方法，已经风靡日本，并登陆中国。

但其实，在日本并没有因为这句“卷卷就能瘦!”的宣传语而立马赢得市场，因为在日本这样的书籍可谓品目繁多，比比皆是。本书所提倡的骨盆瘦身、肩胛骨瘦身等手法也不是很新颖的瘦身法。而且在写作本书之前，作者山本千寻在日本并不出名，没有名人效应是很难让书获得高销量的。然而，作为畅销书制造者的出版社幻冬舍眼光独到，他们在每本书里附带一条骨盆矫正绷带，反过来把本书当作这条绷带的“说明书”，实际上他们是在销售瘦身绷带了。在国内，本书中文版的定价为 36 元，而附赠的“卷卷瘦身带”的价值就有 29 元。而日文版的定价是 1500 日元外加消费税，虽然没有说明这条绷带的价格，但是参照类似商品的价格，这条绷带应该也不低于本书的定价。正如《日本经济新闻》的评论所指出的：在读者对图书逐步敬而远之的现代，很多书已经不得不利用附赠商品的手段来吸引读者，这样的营销方式是杂志的基本手法，但是，在本书上运用好像也非常有效。本书的畅销也证明了这种营销方式的有效性。

然而本书畅销的真正触发点是在一次电视节目中的推广。在本书出版后 3 个月，日本 TBS 电视台在他们的电视节目中介绍了本书。在节目中，一位有名的女演员宣称自己忠实地按照本书的方法减肥，不久之后腰部就明显瘦了下来。这个宣传效果出奇地好，第二天，就形成了日本全国争购本书的热潮。

这条骨盆矫正绷带当然是由中国制造的，据说工艺要求比较高而且也很费工夫，一下子大量生产也非常困难。当本书爆发式畅销后，由于绷带的生产一时跟不上，还造成了本书的脱销。

【读者反响】

虽然电视、杂志都在宣传只需要骨骼矫正带，就能使身体脂肪燃烧加快、腰围迅速缩小、皮肤变光洁等功效，但大多数购买本书的日本读者却都意外地非常冷静，他们接受骨盆矫正的有效性，但并没有百分之百地相信这是一种瘦身的捷径。

日本亚马逊网站的读者留言指出：

本书的书名大概是编辑为了更好销售而起的，实际上如果读者追求瘦身效果的话可能会感到上当受骗。由于我平时一直去按摩院正骨，通过对骨盆的矫正，现在可以明显感到症状有所改善，所以对这类东西的实际效用有所了解。我曾找了一些同类的书籍作对比，本书是最通俗易懂的，而且性价比也比较高。

骨盆矫正的瘦身效果应该是来源于矫正骨骼后，体内流通变得更加畅通，配合以少量运动则能让脂肪更加容易燃烧，从而达到瘦身的效果。因此，尽管骨盆得到了矫正，但是不运动的话，依然不能达到瘦身的效果。

另一位读者如是写道：

本书附赠了绑带，可以感受到作者真挚的态度，但是书的内容却还是很普通的。这样的内容对健康或许有所帮助，但是对瘦身应该没有特别的效用。之所以本书印上了瘦身的书名，恐怕还是为了销量，没有“瘦身”两个字，没有让女性感到喜悦的设计，大概本书是很难卖的。从结论来说，瘦身并没有捷径可走，除了每天适当的运动和合适的饮食之外，其他方法是很难产生效果的。

很多读者都有类似的感想，从健康的角度来看本书，则内容非常精彩，但是期待瘦身效果的话，看完本书后多少会有所失望。就像这位读者说的：

健美这个行业很早以前就开始使用橡胶绷带，这本书所讲的与健美操的橡胶绷带类似。这样说来，应该是有点效果的，但是并没有什么新鲜感。而瘦身方面也基本上没有效果。虽然训练后身体方面感到一种爽快，但是一个月过去了，体重却一点儿也没有变。

也有读者认为，本书应该从正骨的健康角度入手，通俗易懂的讲解十分受用。

如果认真想要减肥，那么你会感到被骗，但是如果作为使用橡胶绷带推拿正骨的参考书来看的话也未尝不可。如果作为推拿正骨书来购买的话，那就比较容易让人接受。本书中记载了很多通俗易懂的正骨方法，非常便利。本书对用橡胶绷带来正骨的人来说，是非常有价值的参考书，但是对希望减肥瘦身的人来说，那肯定会被本书书名所迷惑。

虽然大多数读者都认为本书关于正骨的内容相对受用，但是也需要对其有一定的甄别能力。作家永江朗就指出：本书所依据的是一种脊椎推拿疗法理论，这听上去好像很东方，但实际上脊椎推拿疗法是诞生于19世纪的美国民间的一种疗法。到现在还无法证明这种理论的正确性，但如果说到腹痛的原因是腰椎突出时大家还是愿意相信。在脊椎推拿疗法理论的指导下，这种橡胶绑带似乎就成了这些人的“救命稻草”了。

《体脂肪计百利达的员工食堂：只有 500 卡路里但可以吃饱的套餐》

作者：百利达（TANITA）
出版时间：2010 年 2 月

【出版解题】

吃饱喝足同时还能减肥，这大概是很多人的愿望。然而鱼和熊掌难以兼得，要实现这样的愿望也不容易。但这家公司的员工食堂做到了这点。

1923 年创业的谷田商店（1967 年公司改名为百利达制作所），是一家从事香烟盒生产和贵金属饰品加工的金属加工企业。虽然拥有一定的技术，但基本属于接受其他企业加工需求的原始设备生产商型（OEM）企业。但是，这家公司决定在健康产品方面发挥优势，从家庭用体重计入手，强化产品质量，并不断研发先端产品，逐步确立了自己的品牌定位。在个人和家庭用健康测量器材领域，甚至在医疗设备领域里，作为先驱者的百利达公司终于有了一席之地。

百利达取得这样的成绩殊为不易，因为该公司希望通过“测量”为大家的健康做些贡献，但不能仅仅停留在口号上，如果没有相应的实践，他们的产品很可能被当作以健康为幌子的东西，很难在这个领域里真正地树立自己的品牌。

简单来说，如果推销健康产品的推销员本身看上去一点也不健康的话，那么还能很好地完成推销任务吗？显然很难。那么，如何让员工个个都很健康呢？公司能做的事情也很有限，但是百利达找到了一个很好的切入口，那就是从公司的员工食堂入手，通过合理搭配的食物来维持和增强员工健康。1999 年，百利达公司在“美味可口，而且可以吃饱，还能在不知不觉中减肥”的运营方针下开始了员工食堂的运营。但是，一开始由于过多地重视减少卡路里和盐分，员工都觉得食堂的饭菜非常难吃，结果不仅不能吃饱，还让大家觉得自己像个病人。后来，在营养师对饭菜不断改良后，终于让食堂的饭菜变得既可口又有营养，大家能吃饱但体重反而得到控制，让员工在健康方面有了明显的改善。

食堂运营获得如此大的成果，引来了日本 NHK 电视台的采访。NHK 的报道也带来了意想不到的结果，大和书房的编辑看了 NHK 的节目后，找到百利达公司，要求把他们员工食堂的菜单编辑出版。结果这本健康食谱很快地成为畅销书，出版社也乘着畅销的东风及时地出版了菜谱的续编。这个菜谱的系列书累计销售超过了 520 万册。在这套菜谱的爆发式销售后，本书还被改编成一部同名喜剧电影，于 2013 年春天在日本上映。

而百利达公司也没有站在旁边看热闹，他们利用这套菜谱书的畅销开拓了新的市场。由于百利达的员工食堂并不对外开放，公司抓住本书热销的现象，在东京最热闹的商业区东京车站的地下商店街开设了一家“百利达食堂”，并于 2012 年开始对外营业。在本书的畅销效应带动下，这家食堂竟然成了东京的一个观光景点。同年，百利达又在关东医院开设了第二家“百利达食堂”。基于对外食堂的经营成功，百利达公司将在今后的 7 年里把公司的销售目标提高到每年 300 亿日元，而对外食堂的经营也将成为该公司的一个重要组成部分。可以说，一本食谱改变了一家公司。

【读者反响】

日本亚马逊网站上有一则有趣的留言：

结婚后立刻购买了本书，每天都参考本书做饭。优点是在注意到营养平衡之外，能做出非常可口的饭菜，喜欢清淡口味的老公吃得津津有味。饭菜的量很足，可以吃得很饱，而500卡路里的广告词绝非噱头，一个月之后，体重真的下降了2公斤。

同时，菜肴品种非常丰富，而且料理方法都比较简单，让我这样以前基本没有做过饭的人也容易上手。书中记载了30天的三菜一汤的菜单，读者可以不用每天考虑要做什么，这也是非常具有魅力的。

只是，正如其他读者也指出的那样，如果完全按照这本书的菜单去做饭是很费时间和金钱的。为了减少卡路里，尽量不用平底锅而改用烤箱，因为平底锅要用很多油。但是，因为品种比较多，如顺序安排不好的话，那就会出现大量的等待时间。而且，每一种食材的使用量比较少，比如半个鸡蛋，萝卜苗五六根等。结果导致大量的食材塞满了冰箱。

结果是：做饭时间从30分钟延长到1个半小时。夫妇两人一个月的伙食费从2万日元涨到了4万日元左右。按照这本书做了20多天饭后，准备放弃。

从这则留言中可以想象出这位新娘子是如何认真而手忙脚乱地按照这本菜谱做饭的。虽然最初的尝试不够理想，一度放弃了使用这本菜谱，但是，每天电视广播中的宣传又把她拉了回来，而这次似乎有所进步。这位读者又一次在日本亚马逊网站上留言：

近日，有关百利达对外食堂的新闻比较多，800日元加上排队时间，我觉得不太值。与其在活动量比较大的中午吃500卡路里的套餐，还不如在晚饭时吃，那样更合理。另外有关套餐的味道，每个人都有各自的说法，我认为还是自己做一次比较好。我其实每天都要去上班，但还是坚持自己做饭。

因此，我坚定了克服以前困难的决心。现在我做饭的时间已经缩减到1个小时左右。上一次留言的时候我还是一个完全不会做饭的人，现在稍微习惯了一些，能够合理安排食材的洗切煮顺序了。而且，还会在周末抽时间先把食材做一些加工放进冰箱，这样每天做饭就更加顺手了。

但是，夫妇二人的伙食费还是没能降下来。虽然把剩余的食材做了第二天的便当，伙食费还是降不下来。

这则留言比较长，但是，在日本亚马逊网站上740个读者中有714个读者认为这篇留言具有参考价值。这则留言将书中的菜单是否能够在家庭中实际利用、成本是否合理、味道是否合适等多方面，都以亲身体验作了说明，这则留言也说明了本书在社会上的影响力。

一位40多岁的上班族非常在意自身的体重不断地增加，为此也一直想减肥。但是，购买了健身俱乐部的卡后也很少去运动，各种减肥的努力都不起作用。直到有一天，妻子拿出这本健康食谱。妻子按照这本菜谱为他做饭，同时要求他做到以下几点：第一，吃饭时先吃蔬菜和煮的菜。第二，细嚼慢咽。第三，米饭最后吃。不知不觉中竟然成功减去了10公斤。

不过，那些亲身体验的结果也不是都这么成功，很多读者体验得出的是相反的结果。有位笔名为“orange”的读者的经历比较典型。她留言道：

本来这本书是给妈妈购买的，但妈妈说大概不会这样做饭，没有办法只好又拿了回来。这本书看上去非常吸引人，但真正参照这本书去做饭的话还是非常麻烦的。比如用蛤蜊 10 克、金针菇 1/5 包、白菜半叶、西兰花 1/5 棵，余下的材料怎么办？本书尽是这样多品种少用量的菜单，做一次就会放弃。这本书可以作为一种理想的日常饮食的参考资料，但是在实际生活中很难派上用场。

这也正如读者“浩子”所说的：本书的菜单看起来营养搭配都非常完美，味道也一定非常可口。但是，所需要的材料实在太多，自己要做的话还是非常麻烦的。另一位住在广岛的大叔更是直截了当地指出：能不能简单点？这样复杂的菜单大叔实在是吃不消啊。

或许，正是因为这本食谱并不适合家庭料理，所以，百利达才在东京最繁华的商业街开设他们的食堂，让更多的消费者有机会品尝到他们的健康料理。

| 第四章 |

推理要在晚餐后

第一节　见证日本之 2011：天灾人祸

灾难接二连三

2011 年的年度汉字为“绊”。在经历了这一年的东日本大地震、海啸、核泄漏等灾难后，日本国民重新认识到家族、朋友之间“羁绊”的重要性。

日本好不容易从以美国为震源的全球金融危机中得到喘息的机会，但 3 月的地震、海啸和核泄漏事故叠加，不仅给日本经济带来沉重打击，也给日本社会带来巨大的冲击。

3 月，正是樱花盛开的季节，也是日本国民可以狂欢的季节，但是，3 月 11 日发生的 9 级大地震改变了这一切。这是日本观测史上最大的地震，而随后发生的超过 40 米高的海啸冲毁了福岛核电站，更造成大面积的核污染。大地震使日本东北地区遭到巨大破坏，很多工厂被迫停工，造成多数日本企业供应链被切断，进而使他们面临被迫停产的窘境。

由于日本是核电站大国，核电占日本国内供电量超过30%。福岛核电站事故后，日本各地反对核电的运动频发，甚至迫使各地核电站暂时停止运营。但是，核电站的停运对日本的供电系统造成巨大困难，也给企业的生产带来不小的麻烦。日本各地只好纷纷出台节电对策。

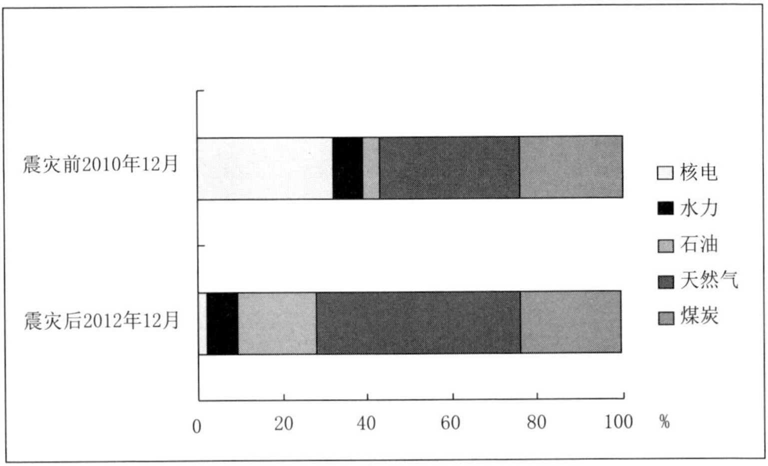

图4　震灾前后日本电力供应构成比较
资料来源：日本资源能源厅

就在日本企业克服3月的天灾人祸，逐步恢复生产的时候，7月份在东南亚的泰国爆发了巨大的洪水，使得把生产据点设在泰国的日本著名企业，如丰田汽车、本田汽车、索尼、尼康、TDK、东丽等企业不得不中断工厂的生产。在东南亚的工厂停产再次给日本企业的生产体制带来了巨大的混乱。就在这样的生产混乱中，丰田汽车不得不把刚在2010年获得的“世界汽车销售量第一”的称号让给美国通用汽车公司，而且连第二的地位也没有保住，排名落到德国大众汽车公司之后，位列第三。

9月，两个大型台风连续袭击了日本列岛。在日本奈良的上北山村，72 小时的降雨量竟然达到 1662 毫米，相当于日本的年平均降雨量。狂风暴雨使日本多处发生山崩和泥石流，造成的死亡人数达到 100 人以上，灾难非常深刻。

虽然 2011 年日本遭受了巨大的天灾人祸，企业生产也受到严重的影响，但是，日元汇率却居高不下。外汇市场普遍认为日本企业将会卖出海外资产来修复国内工厂的生产设备，或者支付各类保险，因此，3 月 16 日，日元对美元的汇率一度高达 1 美元兑换 79 日元。应日本要求，西方七国财长和央行行长会议决定联手干预外汇市场，以遏制日元急剧升值的势头。但是，干预的效果只维持了一个季度，由于希腊的债务危机和美国国会否决提高国债发行额上限而有可能导致美国债务不履行等问题的出现，日元对美元的汇率再度攀高。虽然日本政府已经大规模抛售日元、购入美元，进行最大力度的外汇干预，但还是无济于事。8 月 19 日，日元汇率达到 1 美元兑换 76.25 日元，创下战后日元汇率的最高纪录。据日本新闻网 NNN 的调查，享受到汇率升值带来好处的日本企业只有 10%，而受到日元升值所带来的负面作用的企业达到了 40%。

频繁换“相”

与此同时，日本的政治依旧非常不安定，摇摇欲坠的菅直人内阁并没有挺过这个夏天。执政的民主党在国会中占有绝对的多数，政权基盘应该十分稳定。但是，民主党内部却一直忙于权力斗争，主流派把非主流派彻底地晾在一边，导致非主流派的极力抵抗，这就造成了菅内阁的统治基础从一开始就很不稳定，倒阁之声不绝于耳。“3・11”大地震之后，暂时的政治休战也没有能够让菅首相获得更多的时间，而灾后复兴的社会混乱，更是让菅首相成为大家攻击的对象。8 月，菅直人首相终于宣布辞职，他一共在职 449 天，竟然超过了安倍（第一次首相任期）、福田、麻生和鸠山等前几任首相的任职天数，成为小泉内阁之后在职时间最长的首相。但是，菅直人留给下一任民主党首相的任期只有一年多，即表明了民主党政治仍旧极不稳定。

民主党在掌权的2年多时间里，换了3位首相。而接任的野田佳彦首相，似乎已经知道自己的任期不会太长，不仅没有力求稳定，反而推出了违背选举公约的政策，把日本政坛彻底地拉进极度的混乱之中。9月，野田继任首相之后，立刻着手实行民主党在选举公约中所反对的提高消费税税率的议案。接着，野田内阁再次推翻了选举公约中关于停止建设八场水库的决定，重新启动了八场水库的建设项目。这些做法明显与选民的期望相悖，失信的后果显然是政治上的混乱。

12月，以社保和税制的一体改革为题，民主党内部通过了提高消费税率的议案，决定在2014年4月将消费税率从现有的5%提高到8%，2015年10月再提高到10%。面对这样的局面，民主党内部小部分坚持选举公约的议员们，在反对无效之后宣称要离开民主党组建新党，民主党内部已经四分五裂。

执政党的混乱背离了民心，这让大阪府知事桥下彻得到了机会。桥下抓住这点拼命攻击，煽动选民的情绪。在地方分权的口号下，桥下组织了大阪维新会，提出“大阪都构想”。而且，为了能够实现这一构想，桥下不惜辞去大阪府知事一职去竞选大阪市市长。结果大阪维新会的桥下和松井分别赢得了大阪市市长选举和大阪府知事选举。获胜之后，桥下明确了要在4年内实现“大阪都构想”的目标。

创新才能带来希望

6月，日本理化研究所和富士通共同开发的超级计算机“京”（K computer）以每秒8162万亿次运算速度成为世界最快的超级计算机。这是继日本电气股份有限公司NEC研发的“地球模拟”超级计算机在2002年获得世界第一之后，日本的超级计算机再度问鼎。2009年，民主党政府曾打算大幅削减政府对无关紧要项目的投资，行政革新大臣村田莲舫在讨论政府是否要继续投资超级计算机时曾经说：“要成为世界第一的理由在哪里呢？难道第二就不行吗？”莲舫认为在超级计算机领域，日本没有必要为了争世界第一而投入大量的资源。最终，超级计算机“京”的开发项目没有被砍掉，只是把原定的 267 亿日元预算削减了 110 亿日元，项目被保留了下来。

7 月，日本女子足球队在德国世界杯上首次获得冠军，被认为给正在进行灾后复兴的日本带来了希望，日本全国为之欢呼雀跃。日本女足队员很多是靠做临时工维持生活的，这也感动了很多日本国民。日本政府更破天荒地将原来只颁发给个人的国民荣誉奖颁发给了日本女子足球队。

除了受震灾影响的日本东北三县之外，日本各地的电视台在 7 月 24 日停止了模拟电视的播放，全部转变成数字电视，从而结束了从 1953 年以来的模拟电视时代。

11 月，日本大型光学企业奥林巴斯承认该公司通过企业并购的手法隐藏了有价证券方面的巨额亏损，时隔 20 年后向社会做了公开道歉。奥林巴斯在泡沫经济崩溃后，在证券市场方面投资失败造成了 1300 亿日元的亏损，作为上市公司的奥林巴斯本来应该在财报上披露出来的，但当时的经营层通过收购严重亏损的有价证券，使公司的财报上不会出现巨额的亏损。而这些亏损则由通过公司其他名目的支出予以填补。由于奥林巴斯采用了不当的金融手段来隐瞒投资的失败，东京证券交易所把该公司列为可能退市的被监视股票。不过，由于奥林巴斯及时提交了决算报告，避免了退市这一最坏结果的发生。

也在 11 月，东京地方检察院批准逮捕了日本第 4 大造纸企业大王制纸的前会长井川意高。井川承认他在做外汇买卖时出现巨大损失，本来想在澳门赌博翻盘的，但赌输后又增加了负债。不得已之下，他从其控制的 4 家子公司挪用了 100 多亿日元填补，造成了子公司的巨额亏损。

东京证交所齐藤社长就奥林巴斯的隐瞒事件及大王制纸的挪用事

件发表意见，指出日本的企业依然存在重大的问题，希望日本企业能更多地聘用外部董事，提高管理层干部的独立性，并且有必要对投资者进一步公开企业信息。

最后看一组 2011 年的数据：2011 年，日本住宅建设开工率比上一年增加了 2.6%，而汽车的新车销售增长率比上一年减少了 15.1%。百货商店和超市的销售额已经连续 15 年负增长。不过，在劳动和雇佣方面有所改善，2011 年的年平均失业率为 4.5%，依然处于高位，12 月的失业人数是 299 万人，比上一年同期增加了 1 万人。

第二节　社会思想的整体移轴："3·11"后日本变了吗？

日本之变：奇迹的一棵松

已种植超过350年，日本岩手县高田市的沿海地区松树成林，这片高田松原被誉为日本百景之一。然而，2011年3月11日，东日本大地震引发的高达17米的海啸直接摧毁了这片观光胜地，海啸所到之处，松树或被冲倒，或被淹死。但是，7万多棵松树林中只有1棵松树在海水退去后依然屹立不倒，堪称奇迹。而在这棵奇迹的松树周围则是一片狼藉，惨不忍睹。

据日本政府2014年的统计，2011年3月11日的地震震级为日本观测史上最大的一次地震，引发的海啸几乎超过10米，最高处达到40米高，也是历史上最高的水平。这次地震还引起了从北海道到东京湾的大面积的地面被淹、地盘沉降和水库破裂等现象，地震造成近2万人死亡，40万幢房屋倒塌，受灾人数超过40万人，直接带来的经济损失达到20万亿日元左右。根据世界银行的推测，"3·11"东日本大地震带来的经济损失是历史上最多的。

"3·11"之后，日本迅速地投入到灾后重建中。岩手县高田市的那棵奇迹之松，在荒芜的海边更显得高大，很快被当作从灾难中复兴的象征。不过问题很快就来了，这棵松树虽然奇迹般地生存下来，但是生存环境已经发生了巨大的变化，盐碱化的土壤仍旧威胁着松树的生命。虽然当地的人们想方设法地要保护这棵奇迹之松，但是海啸所带来的打击还是超过了这棵树龄近200年的老松的承受能力。“3·11”地震一年之后，这棵老松被确定枯死。为了保持复兴的象征，高田市决定为这棵枯死的老松进行防腐处理，加上假的松针，将它在原地重新树立起来。为了保存这棵创造奇迹的松树，高田市募集了1.5亿日元，除了用以防腐处理的保护加工之外，还有部分可以用于每年的维护费。不过，对这样的高额保存费用，当地也有人提出异议，批判政府不将募集的资金用在灾后重建上，而用在保存一棵树上，是本末倒置的事。为此高田市政府出面解释说，如果把1.5亿日元平分给灾区民众，那么每户能分到的只有4万多日元，根本造不出一间房屋，还不如树立一个灾后重建的象征，不仅能在精神上起到鼓舞作用，而且还能作为一种有效的观光资源，搞活当地经济。

大概从日本的战国时期之后，松树和樱花树成了日本人的最爱，尤其在江户时代，日本各地都在植树造林。由于松树的树干既能做房梁，树枝还能做燃料，其经济效益非常巨大。而且，松树又能在贫瘠的地方生长，不占农地，因此，松树成了日本植树造林的热门树种。在日本很多海滩上都出现了成片的松林。但是，看上去十分伟岸的松树却没有想象中的那样坚强，由于根部比较脆弱，松树对灾害的抵抗能力也较弱。江户时代的日本人意识到松树并不适合做防护林，因此海边的松树林也就慢慢减少了。

这次大地震再次暴露了日本在政治、经济、文化和社会各个方面的脆弱性。一位画家发表了他的意见，其实，这也代表了大多数日本国民的想法：技术的失败可以用技术来克服，想象力贫乏所带来的失败可以用政治智慧来弥补，就算遭受毁灭性的打击也可以用描绘光明的日本未来来重建一个强大的日本。震灾之后，人们需要的是勇气和毅力，需要的是坚强，然而那棵被认为是灾后复兴象征的奇迹一棵松却好像也能象征人类的软弱。灾后的重建绝非易事，日本政府在震灾后曾经拨出了20多万亿日元的复兴费用，但是，重建工作依然迟缓，很多受灾者不得不过着长期的避难生活。

“3·11”之后，日本国民感叹着政府的贫弱，也激发起他们渴望日本强大的意念。但是，当时的民主党政府没有洞察到这点，不仅没能及时应对这样的诉求，反而把国民置之一边，不亦乐乎地搞起了内部的权力斗争。一年之后，高呼“夺回强大的日本”的政治口号的安倍晋三受到了日本国民的欢迎，在国会大选中，自民党以压倒性的优势夺回了失去 3 年之久的政权。

日本之变：首相成为替罪羊

2011 年 3 月 11 日，东日本大地震发生后，日本人表现出来的忍耐和秩序让国际社会叹为观止。但这并不等于日本没有发“国难财”的人，这一年在避难区的福岛县双叶郡发生的偷盗案竟然是上一年的 30 倍，案件数从 20 件突增到 594 件。在大家都急于避难的时候，这样的趁乱偷盗行为对避难中的居民来说无疑是在伤口上再撒一把盐。

实际上，日本《朝日新闻》早在地震发生后的 4 月份，就已经报道了有关避难区域偷盗多发的情形，当时的警察为此组成了一个 30 多人的防范小组，不断地在离核电站半径 10—30 公里的范围内加强巡逻，但依然无法阻止偷盗事件的发生，也无法把握偷盗的全部情况，只能请求参加救援的自卫队帮助警戒。有位出生在岩手县笔名为“鹰爷”的人在自己的博客中这样写道：在遭遇大灾难的非常时期，有些人往往会克制不住内心邪恶的一面。实际上，内心的邪恶可能人人都有，但大多数人都会接受伦理的约束，能够区别什么可以做什么不可以做。可是不知道什么时候，有些人就会控制不住自己。我想知道的是能够控制自己的人和不能控制自己的人，他们的区别到底在哪里。

但偷盗者毕竟还是少数，而更多的是受害者。他们遭受的创伤需要护理。灾后复兴是医治伤痛的一种长期方式，而找到一个替罪羊则是短期有效的方式。一个世纪前的关东大地震发生之后，日本对朝鲜人的虐杀就是一种体现，而这次他们找到了首相做替罪羊。

1995 年阪神大地震发生后，日本媒体都在批判政府的反应慢，当时的首相村山富市因为辩解了一句，说“因为这是第一次面临的事”而遭到日本上下的谴责。2011 年时任首相菅直人似乎吸取了村山首相的经验教训，在震灾发生后 4 分钟内就设立了首相官邸对策室，30 分钟后设立了紧急对策本部，第二天一早菅首相就乘坐直升机赶赴灾害现场视察。然而，菅首相的快速反应也没有得到好评，反而被纠弹。因为菅首相没穿防核辐射服就去视察现场，导致了福岛核电站不得不推迟把含有放射能的蒸汽排出核电站的重要作业。因为已经发生了核反应堆堆芯熔毁的现象，被迫推迟 10 多个小时之后才实施这项作业，会释放出更多的放射能，大幅度增加了核污染的程度。尽管事后证明排放核反应堆空气的作业被迫推迟的原因并不是菅首相的视察，而是电源发生了问题，但是，日本的媒体并没有停止对菅首相的攻击。

实际上，菅首相不管怎样应对都有可能遭到批判。如果菅首相当时没有去现场视察，那就可能因为不去而遭到批判，如果过了一段时间才去，也会因为去得太晚而遭到批判。正如社会评论家冈森利幸指出的那样，如果民众不能感到自己的生活已经得到改善的话，那么就会追究政治责任，而对政治不满意的题材是取之不尽的。在“3・11”地震这样巨大的天灾人祸面前，日本国民再次发现了自己的脆弱，在忍耐之余，他们需要找到一个替罪羊。很不幸，没有人气的菅直人首相成了最合适的对象。

菅首相在地震后的所有表现都被批判，当时作为在野议员的安倍晋三就曾直接点名批判菅首相耽误了救灾工作，而执政的民主党内也出现了很多对菅首相领导能力的质疑，当然灾后复兴的缓慢进展更是要归罪于当时的首相。结果，在地震发生半年后，在一片要求菅首相辞职的合唱中，菅直人首相不得不挂冠而去。

日本之变：家庭“羁绊”不再

“3·11”大地震让很多人在一瞬间失去了亲人、失去了家庭。痛定思痛，家庭成员之间的关系被重新重视起来，根据日本电通综研公布的调查，地震发生后，有超过60%的日本人认为家庭成员关系更为重要。这也使得考虑结婚的年轻人大幅增加。

不过，作家久田惠却认为，9级地震并没有真正改变日本人的家庭观念。地震后，家庭关系的重要性被不断强调的本身就意味着原本的家庭关系已经到了崩溃的边缘。

20世纪60年代，中学毕业的日本东北部青年，挤上开往东京的列车，集体前往东京工作。日本进入高速增长时期，需要大量的生产者。这些告别家乡父老的年轻人为日本经济的发展做出了贡献，同时，他们也在大都市找到了自己的新生活。这个时代是在美国家庭伦理电视剧的影响下发展的，在美国的富裕中产阶级家庭里，爸爸有包容力，妈妈有亲和力，而孩子又都是特别听话的，这种典型的核心家庭观也成为日本人生活中的榜样。而经济的发展也给日本的小家庭发展创造了条件。不经意间，传统的大家庭被否定和抛弃，核心家庭成了社会的主流。

但是，这样急速发展起来的核心家庭却让很多传统家庭的功能消失了。结了婚的孩子不再和父母住在一起，哪怕是不得已要居住在一个屋檐之下，孩子和父母之间还是完全分开生活。住房被设计成同一个屋檐有两扇门，独立进出，两边房间完全隔绝不通。硬生生地把原来的一个家庭分割成“一碗汤”的距离。实际上，这样的分割不仅在年轻夫妇与父母辈之间产生，也在所谓的核心家庭里逐步普及。一般而言，一个家庭在孩子出生之后，就开始形成父亲一个“家”，母亲和孩子一个“家”的两个“家庭”，这种分割是自然形成的。爸爸去工作早出晚归，不仅和孩子没时间交流，甚至和自己的伴侣也很少有时间交流。而很多家庭主妇当然有足够的时间和孩子在一起。但是，这样的组合随着孩子的成长会继续分裂。一般的日本家庭里，孩子们都有自己的房间，这本也没有什么可奇怪的。但是，如果爸爸、妈妈和孩子分别从便利店买盒饭（注意，不是妈妈统一为大家买盒饭），然后回家坐到一张桌子前吃饭，这还是一个家庭吗？

爸爸虽然是家庭中的顶梁柱，但是在孩子出生之后，爸爸和妈妈的关系逐步淡化，仅仅依靠孩子在维系他们之间的关系。孩子出生之后，夫妻间的称呼就变成了（孩子的）爸爸和（孩子的）妈妈了。随着孩子年龄的增长，日本夫妻之间的距离也会越来越远，为了避免因为双方的生活习惯不同所引起的不愉快，现在很多日本人在翻修房子的时候，都会设计两个主卧，夫妻分房而睡。这在寸土寸金的大城市里，多一个主卧的设计往往受限于面积而让设计师绞尽脑汁。尽管困难，为了追求独立的生活空间，设计师还是尽可能地达到客户的要求。

这样的分房而睡对日本人来说并没有什么难堪，事实上，即便是在新婚燕尔之时，新婚夫妇就已经是分开的两组被窝了。在日本榻榻米的房间里，一般使用“布团”来睡觉。“布团”由盖的被子和垫的床垫组成，一般都是单人用的。新婚之初，两组“布团”通常会并排紧挨着放在一起，随着时间的推移，两组“布团”之间的距离也就会越来越明显。

随着“布团”之间距离的增加，夫妻之间的距离也在增加。日本女性在结婚后要把自己的姓氏改成丈夫的姓氏，表示已经成为丈夫家里的人。当然死后也应该和丈夫埋葬在一起。然而，最近有很多老年女性表示她们不愿意和亡夫埋葬在一起，她们拿出钱来，为自己另外选择墓地。死后都不愿意埋葬在一起，足见他们生前的夫妻关系是多么疏远了。

实际上现在很多社会问题，例如孩子不愿上学、儿童虐待、少年犯罪、家庭暴力等，都被认为与第二次世界大战之后日本核心家庭的发展有密切关系，也就是说与疏远的家庭关系和淡薄的家庭观念有关。

长期以来，“团块世代”家庭的主要任务就是养育孩子，其他的都可以省去，但是结果这一代的主妇在孩子教育方面完全失败了，让孩子们养成了以自我为中心的习惯。而家庭观念非常淡薄的年青一代，又要如何让他们的下一代树立起传统的家庭观念呢？“3・11”大地震后，虽然有很多日本人重新认识到家庭关系的重要性，但是，他们却没有任何有效的行动来改变越来越疏远的人际关系。

当年十大新闻

- “3・11”东日本大地震及东京电力福岛核电站事故发生
- 菅直人首相在拖延了很长时间后终于辞职，野田佳彦继任，其内阁被称为“泥鳅内阁”
- 日本国家女子足球队获得 2011 年德国女子足球世界杯冠军
- 2011 年日元汇率出现战后最高值，日本政府投入巨资实施市场干预
- 野田佳彦首相宣布日本将参加泛太平洋战略经济伙伴关系协定谈判（TPP 谈判）
- 由于受到福岛核电站事故影响，东京电力实施计划停电
- 日本政府宣布在“中长期的地震对策完成前”，全国核电站将停止运营
- 在大阪市市长和知事选举中，大阪维新会的桥下彻和松井一郎分别获得压倒性胜利
- 日本东京第五检察审查会宣布，关于“陆山会”一案将强行起诉民主党前干事小泽一郎
- 因比赛作假问题，日本相扑协会停止了春季比赛

第三节　畅销书之 2011：轻松・整理

2011				
排名	书名	作者	出版时间	出版社
1	謎解きはディナーのあとで 《推理要在晚餐后》	東川篤哉	2010 年 9 月	小学館
2	体脂肪計タニタの社員食堂 500Kcal のまんぷく定食 《体脂肪计百利达的员工食堂》	タニタ	2010 年 2 月	大和書房
3	続・体脂肪計タニタの社員食堂　もっとおいしい 500Kca のまんぷく定食 《体脂肪计百利达的员工食堂 续》	タニタ	2010 年 11 月	大和書房
4	心を整える 勝利をたぐり寄せるための 5 6 の習慣 《调整心态》	長谷部誠	2011 年 3 月	幻冬舎
5	もし高校野球の女子マネージャーがドラッカーの『マネジメント』を読んだら 《如果高中棒球队女后勤读了德鲁克的〈管理学〉》	岩崎夏海	2009 年 12 月	ダイヤモンド社
6	人生がときめく片づけの魔法 《怦然心动的人生整理魔法》	近藤麻理恵	2011 年 1 月	サンマーク出版
7	KAGEROU 《蜉蝣》	齋藤智裕	2010 年 12 月	ポプラ社
8	くじけないで 《请不要灰心呀！》	柴田トヨ	2010 年 3 月	飛鳥新社
9	老いの才覚 《老之才觉》	曽野綾子	2010 年 9 月	ベストセラーズ

续表

2011				
排名	书名	作者	出版时间	出版社
10	謎解きはディナーのあとで 2 《推理要在晚餐后 2》	東川篤哉	2011 年 11 月	小学館

资料来源：株式会社トーハン

由于"3·11"大地震的天灾人祸，2011 年在日本是一个沉重的年份。以至于当时的日本首相菅直人被当作出气筒，无论他做什么都会招来批判。而沉重的气氛则让人们更愿意寻找轻松之道。故事内容简单、人物形象单薄的《推理要在晚餐后》，这样的轻型侦探小说夺得畅销书榜首就说明了这点。这本推理小说之所以能够夺得本年度畅销书榜首，是因为在 4 月，也就是大地震刚刚发生之后本书夺得了日本书店大奖。设立于 2004 年的书店大奖就是为了推销书籍而诞生的一个奖项。

出版行业的不景气也恶化了书店的发展环境，日本书店的数量连年减少。书店希望有更多的亮点书来带动书店的销售，但是，一向作为畅销书标杆的直木奖，在 2003 年竟然没有入选作品，使书店白白浪费了一个很好的卖点。一气之下，书店营销人员自己组织了一个由书店店员投票评选的奖项，动机和目的，昭然若揭。

书店大奖的获奖作品基本上都能畅销，但是能够夺得畅销书榜首的《推理要在晚餐后》是第一本。而且到 2015 年为止，还没有出现过第二本。所以，获得书店大奖的《推理要在晚餐后》夺得畅销书榜首的这个特例或许可以说明日本国民因为心情的沉重，已经无心寻找其他刺激性话题，反而偏向这类轻松取向的小说。

灾后需要复兴，这需要从自己的心理开始整理。原日本国家足球队队长长谷部诚的心得之作《调整心态》在 3 月份出版，真可谓是应运而生。这本书的畅销与作者的经历有很大的关系。虽然长谷部少年时代就非常热爱足球，但是他自己也承认曾经技术并不出众，临门一脚也不出色。然而就是这样没有什么天赋的长谷部，依靠自己拼命的努力，赢得了队友甚至教练的信任，从而获得了在国家队的地位。这难道不是受灾之后的日本国民所需要模仿的吗？整理需要从自己的心情开始。

而说到整理，饱食时代的生活总是会积累太多无用的东西，这些东西往往寄托着大家对以往的留恋，真是一样也舍不得丢弃。但是如果不整理、丢弃，就无法有整洁的环境，就无法继续前进。“断舍离”就是强调需要人们下决心。《怦然心动的人生整理魔法》为被旧物束缚的日本人带来“断舍离”的勇气。这本书告诉日本读者：如果你的人生不算成功的话，那并不是因为你不够努力，而是你不知道成功的秘诀。如果想要成功的话，你只要反复对自己说“你会成功的”“你会改变自己的”就可以了，其他一切的努力都是无用的。

毫无疑问，这样的提示对灾后的日本国民十分有效。

《推理要在晚餐后》

作者：东川笃哉
出版时间：2010 年 9 月

【出版解题】

东川笃哉的推理小说《推理要在晚餐后》在2011年被拍成电视剧，后又被改编成漫画，到2012年又被搬上了话剧舞台，2013年更被拍成了电影。这部电影不仅在日本国内放映，而且影业公司还宣布进军中国台湾、中国香港和新加坡的电影市场。一部作品，能获得如此的青睐，一切都是从2010年的推理小说出版开始的。

虽然这本小说包括续集在内的系列作品已经销售了超过320万册，但其实《推理要在晚餐后》的第一版只印了7000册，从小说类书籍来看，印数还是比较可怜的。但是在书店的竭力推荐下，口口相传，让这部小说获得了第8届日本书店大奖，并成功地吸引了读者，引发了本书势如破竹式的畅销。这个现象本身也值得注意，在书籍难卖的今天，书店的推销作用不可小觑。日本书店大奖与其他文学奖最大的不同就是该奖不是由作家和文学评论家组成的评委来评定的，而是由书店的店员投票选出。

日本书店大奖是全日本书店店员所选出的最想销售的书的最高奖项，该奖在书店店员的努力下，逐步获得了影响力，到2011年终于让“最想销售的书”变成了“最畅销的书”。《推理要在晚餐后》在夺得日本书店大奖后，最终夺得了本年度畅销书的第一名。

大学毕业后，东川笃哉到一家制作玻璃瓶的公司就职，但是他希望成为专业的作家，因此他在工作没几年后就辞职了。接下来的八年都靠着月薪12万~13万日元的打工存活着，甚至差点无家可归。在这种境遇下，东川不忘写作，他开始写推理小说并积极投稿，终于以幽默推理见长的风格得到了出版社的认可。

《推理要在晚餐后》最初在小学馆的季刊《文学POST》刊登了单篇，此后在同出版社的推广杂志《KIRARA》上开始连载。2010年9月，出版社将最先连载的六篇故事集结成书。由于得到了书店店员的强力推荐，本书销量急速攀升，上市三天后出版社就决定加印。《朝日新闻》

的书评将本书誉为最想推荐的书，加上电视广告以及电视节目对作者的采访，促成了本书的热销。本书到 2011 年底已经卖出超过 181 万册，创下了日本文艺作品单本销量新纪录。2011 年 11 月，《推理要在晚餐后2》出版，第一周就销售了20.8万册，保持了本书第一本的畅销水平。

那么，到底为什么这部作品会受到读者如此的喜爱呢？

【读者反响】

对这部销售超过 181 万册的小说，读者在日本亚马逊网站和乐天市场网站上的留言可以泾渭分明地分成两派。

在日本亚马逊网站留言的读者基本上都认为这部小说不能称为真正的推理小说，充其量只是一部轻小说。虽说是解谜的推理小说，但是，那种解谜一点也不能给人带来快乐。虽然对人物描写得不错，但是故事设计得实在太单薄了。更有读者指出，如果要读聪明而有心计的男仆的故事的话，那么英国国民作家 P.G. 沃德豪斯的“Jeeves”系列更值得推荐，与本书中的男仆相比，Jeeves 要有百倍的毒舌、百倍的聪明，非常有趣。

因此，有读者不禁感叹，像这样欠水平的推理小说为什么能卖得那么好本身就是一个谜。

但是，在乐天市场网站的读者基本上都给出了好评，除了因为喜欢而购买的那些留言之外，有一些读者的留言是这样的：“因为樱井翔的原因，我家那个不爱读书的孩子竟然提出要买这本书！当然立刻给他买了。如果能够通过这本书让孩子喜欢上阅读那就太好了。”无独有偶，有一位读者也有类似的留言：“女儿看了电视剧后就要买这本小说，给她买来后她非常满足。”实际上，很多读者都是因为孩子们的要求而购买的。这部小说中的毒舌男仆与千金小姐的警察组合、花花公子的警部和千金小姐的警察组合，以及短篇故事的形式，都是小学的高年级学生喜闻乐见的。

其实，日本亚马逊网站上的读者留言和乐天市场网站上的读者留言之间的意见在一点上是非常一致的，就是认为这部小说是一部结构简单、人物关系简单的轻型推理小说。因为在日本亚马逊网站上购买本书的读者更加期待能够阅读到一本引人入胜的推理小说，所以他们对本书不甚满意。而在乐天市场购买的读者恰恰因为这是一本轻型小说，适合少男少女们阅读，所以都非常满意。而轻小说在漫画盛行的日本有非常厚实的读者基础，因此，在书店大奖制造畅销书的机制下，这本小说找到了一片蓝天。

不过，其中一位读者却从富豪和普通人的对比中，揭开了作者隐藏的另一个谜。他写道：

作者对故事发生地东京都内的国立市，尤其是南武线沿线有着近乎执着的详细描写，但是，南武线在东京大都市圈里只是一条乡间铁路。作者在展开推理故事时准确地描写了这样的乡间铁路，那些会引起沿线居民自卑感的描写也随处可见。虽然国立市的中央线沿线给人的印象都是高档豪宅，但南武线却恰恰相反。一般国立市的居民绝对不会说自己是南武线沿线的居民的。但是，作者却故意地用南武线来代表国立市的形象，是不是太过使坏了呢？

超级富豪以及他们的生活方式在很长的时期内都很难成为日本小说中的主角，通常只是作为配角，甚至是反面角色出现的。但是，随着 IT 经济的勃发，IT 新贵们的奢侈生活被推到闪光灯下。而同时，日本国民的收入却在下降，两极分化逐步拉开。在这样的社会背景下，一边是对偶像化生活的向往，一边是并不富裕的现实生活，两者糅合在一起，带来了恰到好处的幽默“笑果”，而这样的幽默给读者带来了非常轻松愉快的阅读时间。

《调整心态》

作者：长谷部诚
出版时间：2011 年 3 月

【出版解题】

这本书的出版准确时间是 2011 年 3 月 17 日，也就是在“3·11”东日本地震发生后的第 6 天。所以，作者长谷部诚在本书公开发行之前就明确表示要把稿费全部捐献给受灾居民。本书公开发行半年后就突破了 100 万册，成为名副其实的畅销书。而本书作者也未食前言，将他的稿费 180 万欧元通过联合国教科文组织捐献给灾区的受灾者。

180 万欧元相当于 2.2 亿日元，这个金额可能是日本上班族一生的收入，说捐献就捐献，实在是一件非常不容易的事。当时的长谷部只有 27 岁，不过，他已经有过站在世界舞台上的经历。2010 年，南非足球世界杯的比赛场上，他被任命为日本队的队长，率领日本队杀进了 16 强。但是，这样的成绩并不是靠长谷部的天赋，而是靠他的刻苦所取得的。虽然长谷部少年时代非常热爱足球，但是他所在的高中球队并没有获得日本高中足球比赛的出场资格，而长谷部也并非技艺精湛，不过他在球场上发挥的献身精神却赢得了队友甚至教练的信任。另外，长谷部在比赛中的发挥一直都非常稳定，能够让队友非常安心。

他的努力感染了队友，也在球队的成绩上得到了回报。让长谷部克服诸多不利因素取得如此不俗业绩的秘诀应该就是心理的修整：整心，即调整心态。

一般来说，如果想要成为一个出类拔萃的英雄，就应该把心锻炼得又强又壮，但是长谷部并没有这样的打算，他强调要像调音律那样调整心律，随时保持一颗平常心，这样就可以保持稳定的发挥。因为长谷部想要做的就是弥补球队的不足之处，在任何一场比赛中都不能失去自我，所以每时每刻的稳定发挥对他来说是不可欠缺的条件，对一个球队来说也是非常重要的因素之一。长谷部在本书中介绍了他如何整心的方法，与读者共享。

虽然长谷部是职业足球运动员，但他的家教非常严格，因此，他的学习成绩一直非常优秀，在学校时就喜欢阅读外文原版书籍，他就读的藤枝东高中在静冈县也是排名在前的高中。这样的修养，让长谷部能够在本书写作中轻松地引经据典。不过，他依然谨小慎微，在本书的后记里他提道：我之所以如此重视整心，是因为我认识到自己依然是一个未成熟的、软弱的人。

在文艺体育界往往是明星当道。但是，日本民族长期以来并不喜欢天马行空式的英雄，在封闭紧密的空间里，英雄往往无用武之地而湮没在茫茫人海之中。日本国民不喜欢英雄，他们更喜欢那种不是十分突出但却能够长期稳定地发挥作用的人，讲述长谷部诚的人生哲学的这本著作比日本其他任何体育明星的著作都要畅销或许就是一个最好的证明。

【读者反响】

“我活到了现在。如果能把其中的理由整理出来的话，那么一定会对谁的人生起到启发作用的。”这样写的作者是一位年仅 27 岁的长谷部诚。想想自己 27 岁的时候，简直是不能比较。日本某家点击付费广告公司的老总阿部圭司正是边这样想边购买了本书，便开始阅读起来。

与阿部的看法一样，很多读者都认为本书只要两个小时就能读完，但是其中的内容并不轻浮而是非常有内涵的。有位裁判员读完本书后，在日本亚马逊网站上留下了这样的感想：

在亚洲杯日本队与叙利亚队的比赛中，裁判给日本队的川岛出示红牌，并将他罚出场外。大家都认为这是一次误判，但是在赛场上，一旦裁判做出判罚，哪怕是错的也不能收回。即便大家都据理力争也不能够改变判罚的结果。作为队长的长谷部非常冷静，微笑地接受了这次判罚。这样的冷静让裁判对此次误判产生了歉意。结果这位裁判的歉意在日本对韩国的比赛中起到了正面的作用，为日本队送来了一次点球机会，并把日本队送进了决赛。如果当时长谷部与裁判争得脸红脖子粗的话，肯定会让裁判心怀不满，那么在关键时候恐怕也不会做出对日本有利的裁决了。联想到这样的场景，我在阅读本书的过程中越来越感受到作者人性底部的谦逊和诚实，这些优点就表现在尊敬他人及具有公德心方面。从本书作者身上，我们可以看到正在消失的很多日本的优点。

还有一位读者在日本亚马逊网站上是这样留言的：

我不是体育迷，只是因为工作的关系偶然读了本书。读完本书才知道能把自己喜好的事当作职业并身体力行是非常了不起的事，同时也是非常严酷的事。如果认为体育选手的生活非常奢侈，那么读了本书就会感到意外。那简直是全身心地奉献给足球的苦行僧生活。

另一位读者这样写道：

读了不少一流运动员的著作。他们都有一个共同点，就是对自己非常了解。正是因为他们不仅知道自己的优点，也知道自己的弱点，才能尽力而为。长谷部选手自己说他的特长就是弥补球队中不足的地方。关于这一点，长谷部的经纪人说得很清楚。在比赛中长谷部的表现并不是那么突出，但是，如果你一直注意看他在整场比赛中所处的位置的话，那么你就会清楚地知道他为这个球队做出了多少贡献。作为日本足球队的队长，长谷部就是这样在场上观察全部队友的情况，及时顶上他们留下的空白。

不仅在赛场上能够这样把控全局，就是在平时的生活中，长谷部也表现得非常“集中”。在消费、行为举止、兴趣爱好都非常“分散”的现代社会里，如何把“集中”抓在手里呢？ 27 岁的青年能够写出这样一本和他年龄一点也不相称的书，如何让人不佩服呢？本书对那些对自己人生迷茫的年轻人来说是非常具有阅读价值的一本书。

所以，日本的图书评论家 Smooth 在他的书评网站上对本书做了这样的评语：

虽说本书是日本足球队队长的著作，但如果仅仅把它看作是名人写的书，那你就大错特错了。本书出版后第一周就销售了 7 万册，在亚马逊网站上独占鳌头。同时作者把版税全部捐献给东日本大地震的受害者，也引起了足够的关注。而就本书的内容而言，可以说意外地是一本好书。当然，这样说有点失礼了。

Smooth 在他的网站上，常常会摘出一些其他读者的读后感，并对其中特别的观点予以评说。对本书，他选出了下面这 6 条：

1. 组织的成功将带来个人的成功
2. 运气是努力的结果
3. 迟到会带走信誉
4. 经常做最坏的打算

5. 迷路时要选择最难走的路

6. 对着对方的眼睛来传递自己的感受

不得不说，Smooth 选出的这 6 条很符合日本人的特性，非常容易让日本的其他读者接受。可以想象很多日本读者是一边读一边点头称赞的。

《怦然心动的人生整理魔法》

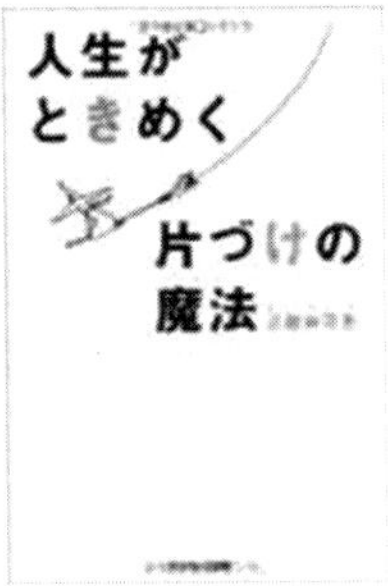

作者：近藤麻理惠
出版时间：2011 年 1 月

【出版解题】

整理本来就是一种生活习惯，虽没人教但谁都会。女性咨询顾问近藤麻理惠把这种生活中不可或缺的平常习惯，变成了能够让人怦然心动的魔法。

近藤可以说是天才咨询顾问，大学二年级时就开始了咨询顾问的服务。而她的服务内容就是教大家如何“整理”。作者的出生年月并没有公开，但出版本书时是 27 岁，而她大学二年级应该也就是 20 岁左右，这样推算出 20 世纪 80 年代中期出生的近藤做咨询服务已经有 7 年之久了。

近藤在书中向读者担保，只要用她的整理方法去整理过一次的话，就永远不会再变得杂乱无章。这对于时常收拾房间，但仍周而复始地出现杂乱现象而束手无策的人来说，简直就是天大的福音。然而，更令人可畏的是，接受过近藤指导的人们，不仅房间可以彻底摆脱杂乱状态，而且他们的人生也几乎发生了翻天覆地的变化。

整理，不仅是生活的需要，更是人生的需要。其实，本书所阐述的整理方法就是让人生重现激情四射的一种整理魔法。

近藤向她的读者许诺：只要跟着我学会正确的整理方法，就可以让一间已经杂乱到看不见地板的房间变得像五星级酒店的高级套房那样干净舒适，就能从“无法整理的地狱”中解脱出来。结果，争着来求学的人是一拨又一拨，不提前 3 个月就无法预约到一张听课的入场券。这样的高人气烘托下，近藤俨然成为追捧者眼中的“整理教”教主了。

其实，童年的近藤是在阅读大人的主妇杂志中度过的。中学三年级时，她读到了当时的畅销书《扔的技术》后顿然开悟，此后对整理的研究就成了近藤生活中的主要内容。进入大学之后，她对整理的研究更加入迷，开始办班向他人传授整理方法。她开设了个人的官方网站，里面可以看到她已经开设的各种课程，“整理”已经成为近藤生活中的很大部分。用她自己的话来说，她的生活中百分之九十都是整理。有一次近藤竟然因为整理过度而使自己的身体受伤，并被送进了医院。在她的病历卡里，医生留下了“因过度整理而得病”的诊断，这样的医生诊断可以说既是空前，也可能是绝后的诊断了吧。

或许近藤自身并无意创立“整理教”，但却因此成立了“日本怦然心动整理协会”，并担任了代表理事，开设了多种整理讲座。而这些讲座、课程与本书相互影响，让本书变得越来越畅销。本书出版后，当年销量就超过了 100 万册。在累计销量超过 167 万册的时候，这本整理书被日本电视台改编成同名电视剧。2012 年 10 月，近藤出版了《怦然心动的人生整理魔法》系列第 2 本。

【读者反响】

一般认为，这本书是讲如何整理房间的，但是作者进而提出："整理，可以改变人生。"这完全像是一句宗教性的口号，然而，正是这样的口号俘虏了很多读者。一位读者是这样留言的：

本来我很讨厌扔掉东西，也很讨厌那些随随便便地把东西扔掉的人。但是近藤虽然也是在扔掉东西，但她比任何人都更爱这些东西。这是可以感觉到的。虽然，近藤不时地会说出一些灵异的安慰类的话，让人担心疑惑。不过，那应该是她基于"万物有神灵"这样的信念吧。近藤这样的"变态"非常有趣，这本书也让人感动不已。讨厌扔东西的我现在下定决心去扔掉一些衣服。

有很多读者认为与本书简直是相见恨晚。他们购买了这本书之后，立刻按照书里的指示去实践，结果都对近藤的主张佩服得五体投地。一位读者留言道：

我是一个很讨厌扔东西的女人，家里有很多10年以上都没有碰过的东西，我也舍不得扔掉。但是，这一次，我却毫无罪恶感地1天就扔掉了六大袋东西。本书的文章也写得很漂亮。不仅对不会整理的人有用，就是对会整理的人来说，看完也会有新的发现。

从以上的读者观点来看，已经可以看出本书如此畅销的缘由了。不过，自由撰稿人速水健朗说得更加分明，他在《朝日新闻》的书评栏目中明确指出：

2010年，一种把东西丢掉而改变人生的"断舍离"热潮在日本大为流行，而 2011 年，流行的是通过“整理”来改变人生的想法。本书就是带动这种流行的一种自我启发类书。在这个领域里，很多想法都能从成功学励志书籍专家拿破仑·希尔的“只要想到就是做到”的思想中找到他们的根源。也就是说，这类书籍往往会告诉读者：你的人生不算成功的话，那并不是因为你不够努力，而是你不知道成功的秘诀。如果想要成功的话，你只要反复对自己说“你会成功的”“你会改变自己的”那就可以了，其他一切的努力都是无用的。这样的成功秘诀实在不太靠谱。本书就是这样一本叙述通过整理房间而改变意识，进而迎来人生好运的自我启发类书籍。

在现代日本，很多以商业书籍为名而流行的自我启发类书籍，其本源就是宗教。在 19 世纪末，为了反抗不允许追求现世成功的加尔文派，诞生了新思想运动的民间信仰。这类新思想运动强调追求现世利益和幸福，被基督教视为异端。但是到了 20 世纪初，教会为了招收更多的信徒，开始积极地吸纳新思想运动。在得到教会的首肯之后，自我启发在美国掀起了一个热潮。

不过，自我启发类书籍标榜不用自身努力也能获得人生成功。而同样属于这类书的本书却加上了“整理”这个努力指标，使其看起来与其他书不同。在日本，并没有对追求现世利益和幸福的限制。本书主张“只要去整理，好运就会来”的道理，与日本人的万物有神论的宗教观密切相关。的确如此，2010 年日本还流行过歌颂“打扫厕所人生就会变得更加美丽”的歌曲。

整理、打扫，这样的行为对日本人来说等于是一种宗教式的祈祷。从这个角度来看的话，就非常容易理解为什么这类书会绵绵不断地成为畅销书了。

| 第五章 |

倾听力

第一节　见证日本之 2012：起死回生

从灾难中恢复生气

畅销书《体脂肪计百利达的员工食堂》系列销售量已经突破 420 万册，借此东风，百利达公司决定开辟新领域，进军餐饮市场。2012 年初，在东京最繁华的商业街丸之内，第一家百利达食堂开张了。百利达社长在开业式上说，希望这家食堂能够给日本带来“健康和生机”。

当时的日本确实需要健康和生机。2011 年，发生了前所未有的大地震、海啸和核泄漏事故后，日本的复兴事业进展得并不顺利，日本社会依然充满了灾难后的闭塞感。为了尽快从东日本大地震的破坏中恢复过来，民众希望以一系列活动来活跃沉闷的空气。5 月，世界最高的电波塔东京晴空塔（又称东京天空树），以及附属商业街东京天空町正式对外营业。“世界最高”的桂冠吸引了不少游客，东京晴空塔第一年就获得了 500 万以上的观光客。10 月，东京车站复原工程结束，重新展现了百年前建成时的原样。这个当时号称东洋最大的火车站，在第二次世界大战时遭到美军轰炸，破坏非常严重，战后也一直没有能够恢复原样。这次复原工程让东京车站重新恢复当年雄姿，让日本国民也找回了一些自信。

为了加快灾后复兴的速度，日本政府在大地震发生 11 个月后设立了复兴厅，配置了部长级的专属大臣，专门负责推进复兴事业，还制定了从 2011 年度开始的 5 年复兴预算，金额达到 26 万亿日元。不可否认的是，这些措施的落实的确对日本经济的好转起到了一定的作用。

不过，日本经济的恢复并没有像预期那样扩大，2012 年日本的 GDP 增长只有 0.7%，而日元汇率居高不下，企业业绩也不尽理想。执政的民主党野田政府似乎也想不到更好的解决办法，只能寄希望于税收的提高，因为提高消费税率能够给政府提供稳定的财源。8 月，国会通过了相关法案，要求政府根据经济情况，在 2014 年 4 月将消费税率从现有的 5% 提高到 8%，2015 年再提高到 10%。

任何一项政策都有正面影响和负面影响。且不论提高消费税率对健全日本的财政是否有所帮助，也不论在日本从景气状态进入下降局面时，提高消费税率会不会打击国民的消费积极性。问题是提高消费税率并不是民主党的选举公约，实际上，民主党给选民的承诺是如何减少税费。在重视选举公约的日本社会，野田的政策对支持他的选民来说就是背信弃义。而野田自身也遭到了来自民主党内部的强烈攻击。野田首相转而寻求在野党的支持，他以尽快解散国会为条件争取到自民党对消费税率法案的支持，从而让国会通过了提高消费税的法案。野田的这一行动最终导致了民主党的分裂，让民主党跌入了难以东山再起的深渊。2016 年 3 月，仍然没有赢得国民支持的民主党与维新党宣布合并，让民主党彻底从国民眼前消失了。

自民党的卷土重来

2012 年 7 月 12 日，从民主党分裂出去的议员们集结在小泽一郎周围，成立了党名为“国民生活第一”的新政党。11 月 28 日，滋贺县知事嘉田由纪子组建的日本未来党，以废除核电站，反对增税为主要政治理念。而为了在众议院大选中获胜，国民生活第一党宣布整体加入日本未来党。另外，日本的“减税日本 · 反 TPP · 实现去核电党”也同意参加日本未来党，“绿风党”所属的众议院议员也表达了准备参加的意思。然而，仅一个月的时间，2012 年 12 月 27 日，日本未来党宣布分裂，嘉田由纪子退出政党，小泽一郎担任党首职务，并将党名改为“生活党”，并延续了“国民生活第一党”的标志。眼花缭乱的政治变局已经让日本国民非常厌恶，他们只希望有一个安定的社会环境。

但显然，日本政客们没有看到这点。东京都知事石原慎太郎在民主党政府带来的政治混乱中看到了重返日本中央政坛的机会。在东京都知事的任期中，石原辞去了知事职位，准备组织新政党“太阳党”参加众议院的全国大选。11 月 17 日，为了增加获胜的概率，石原在创建太阳党的第 3 天就抛弃了这个政党，拉着成员参加了桥下彻领导的“大阪维新会”。而成立于大阪的地方性团体“大阪维新会”也更名为“日本维新会”。

2012 年，日本国内的政党政治已经乱成一锅粥，而在国际政治上也不太平。9 月，野田政府不顾中国的一再警告，正式决定将钓鱼岛“国有化”，引发了中国的激烈反对。此后，中国政府给日本的出口带来了很大的打击，而在中国的日本企业也受到了负面影响。中国赴日观光人数急剧减少，对日本的地方经济也有一定的打击。日本经济自 2012 年夏天的缓慢复苏后，又再次跌入低谷。

另一方面，美军开始把安全问题很多的“V–22 鱼鹰倾斜旋翼机”配备到冲绳普天间基地。冲绳的普天间基地周边被居民住宅密集包围，也被称为世界最危险的军事基地。美军的这一决定激发了冲绳居民的大规模反对活动。日本政府曾对冲绳居民承诺由于“鱼鹰”的安全问题，美军将不会把这种飞机配备到冲绳，但是事实上日本政府不仅没有任何拒绝的权力，而且事先也不知道美军的具体决定。

消费税法案通过后，野田首相迟迟不解散国会，因此，在自民党的参与下，国会通过了对野田首相的问责决议。但野田首相依然不解散国会，自民党开始指责野田不守信用。12月，野田首相终于不堪重压，被迫解散众议院，举行全国大选。结果执政的民主党惨败，拱手让出了政权。自民党获得294个席位，取得了国会的稳定多数。而再次担任自民党总裁的安倍晋三也因此重登首相宝座。时隔三年，自民党与联合执政的公明党一起重新组织了联合政权。

破产与重组之间

2012年3月，日本第一家廉价航空公司，全日空控股集团旗下的Peach航空开始运营。日本航空公司也设立了廉价航空公司准备启动运营。自此，日本航空业进入廉价竞争时代。除了国内航线之外，Peach航空还准备开通廉价的国际航班。

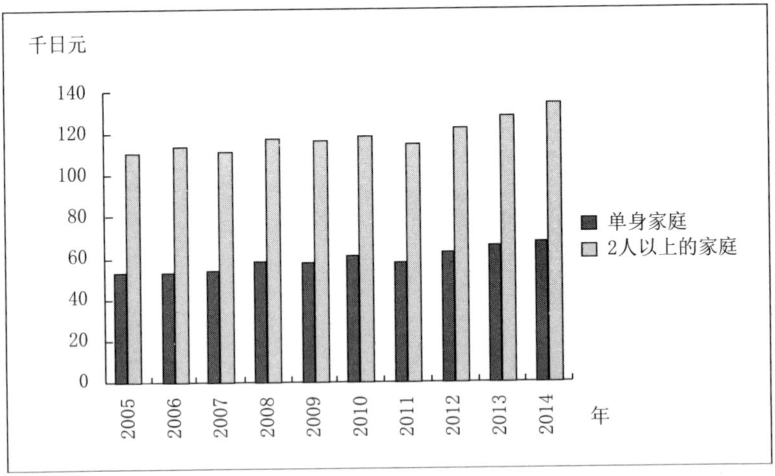

图5　日本家庭电费支出推移

资料来源：日本总务省统计局

2012 年 5 月，日本全国核电站 50 个机组曾经全部停止了运行，而这种“无核状态”只维持了两个月。7 月，因定期检查而停止运营的关西电力公司大饭核电站 3 号机组重新启动。而同时，在日本东京代代木公园里，举行了福岛核电站事故后日本最大规模的反核电站集会。这次集会由诺贝尔文学奖获得者大江健三郎、音乐家坂本龙一等人发起的市民团体所组织，参加人数超过 7 万人。

日本唯一的内储芯片（DRAM）制造企业尔必达（ELPIDA）受到全球金融危机的巨大冲击，在日元升值和产品价格下落的多重压力之下，不得不在 2012 年 2 月宣布破产重组。该公司的负债总额超过 4480 亿日元。尔必达的破产是日本制造业产业中最大的一次破产。日本政府曾在 2009 年对该公司投入资金进行拯救，但还是无力回天。

不过，在另一项政府出资的拯救企业项目中，日本政府获得了空前的成功。9 月，日本航空公司经过两年的重组，重新在东京证交所主板市场上市。上市之日的市值达到了 6900 亿日元。出资 3500 亿日元重组日本航空公司的企业再生机构，在日航上市之际将原有的 1.75 亿股份全部出让，总回收金额达到 6632 亿日元。这个金额是日本政府参与救济破产公司项目中前所未有的收益纪录。

喜人的数据

到 2012 年的夏天为止，被通缉的奥姆真理教骨干成员全部被逮捕归案。在 2011 年 12 月 31 日晚上，被通缉的平田信跑到东京警视厅正门前对守卫说：“我是被通缉的平田，前来自首。”但警视厅守卫却以为是无聊分子的无理取闹，并不相信眼前的事实，反而将平田驱赶走。这件事后来被日本媒体大肆攻击，使得这位守卫不幸成为奥姆真理教又一名“受害者”。由于平田的自首，最后两名通缉犯也于 2012 年先后落网。

京都大学的山中伸弥教授由于在诱导性多能干细胞（iPS 细胞）上

的突破性研究，获得当年度的诺贝尔医学奖。根据山中教授在2006年发表的研究成果，他成功地从人体皮肤等细胞中培养出了iPS细胞。6年后他获得了诺奖，日本的诺奖得奖人数也增加到19人。

这一年对日本来说值得兴奋的还有一件事，那就是中国赠送给日本的朱鹮在野外成功地孵化出小朱鹮，这是日本本土朱鹮绝灭后，该物种得以重新在日本繁殖生存下去的可喜信号。

最后，看一组2012年的数据：2012年日本住宅建设开工率比上一年增加了15.8%，实现了连续3年的增长。而汽车的新车销售增长率比上一年有大幅度增长，增长率为27.5%。百货商店的销售额出现了0.3%的增长，虽然增长幅度微小，但这是时隔16年出现的增长。而超市的销售额则继续负增长，延续了16年以来的惯性。在劳动和雇佣方面，已经连续2年有所改善，2012年的年平均失业率为4.3%，12月的失业人数是259万人，比上一年减少了17万人。另外，截至2012年9月，日本年龄超过65岁的老年人口第一次突破3000万大关，达到了3074万人，占总人口比率达到了24.1%，创下了历史纪录。

第二节　社会思想的整体移轴：新型抑郁症的流行

症状之一：失去“故乡”的恐惧

游戏制作人米光一成指出：东日本大地震后，日本人都或多或少患上了病。

那是怎样的病呢？按照精神科医师片田珠美的分析，那就是“新型抑郁症”。典型的抑郁症表现为情绪低沉、悲观、有强烈的内疚感和自责感。而新型抑郁症则完全不同，表现不是自责而是他责，即把一切责任都推给他人的特点。

否认自身的问题，最好的手段就是把所有的问题都转嫁给他人，从而让自己脱身。这在心理学上称之为投影。为了让投影有效，就需要把自己所不愿承认的资质、感情和欲望方面的恶的问题全部驱逐出去，从而消除掉。因为自己对这些恶的问题也深恶痛绝，但又知道自己一个人无法承受。而投影出去之后，患者会加倍攻击他人。这样的特征与内田树在《日本边境论》中所指出的日本人的特征何其相似。因此，这样的新型抑郁症患者的增加也就不足为奇了，而美国精神医学学会制定的《精神疾病诊断与统计手册》（DSM）可以诊断并确诊这些以前无法确认的新型抑郁症。随着 DSM 在日本的普及，被诊断患上抑郁症的人也就越来越多了。

摄影家藤原新也认为新型抑郁症的根源是“故乡”的丧失。他指出：“‘3・11’大地震之后，我们已经失去了故乡。对震灾地以外的人来说，灾后是一片瓦砾，但是对灾区的受灾者来说，那是最后的记忆。”

现在，“3·11”后遗症覆盖了日本。而这样的后遗症所带来的迫害妄想症已经无意识地融入了日本人的行为。地震后1周年，媒体争相询问受灾者的感受，并重新播放当时的惨状，这无疑是重揭灾民的伤口。但很多人不以为然，甚至表现得特别兴奋，这让很多老人变得非常暴躁。现在日本人变得一触即发，非常具有攻击性。另外，电视台大量播放外国人对日本的赞美节目，实际上也说明了日本人已经丧失了自信，不得不找一些外国人来证明自己。这种自信的丧失形成了日本社会自我赞美型右倾化的社会背景，也为日本通过安倍首相关于战争的法案做了铺垫。

藤原希望日本能够出现真正主张“美丽日本”的政治家，以改变这样的现实。灾后重建本来就不是容易的事，但日本社会却将很多能量分散到右倾化上，这样就对灾后重建更加力不从心了。虽然日本政府很早就专门成立了复兴厅、配置了大臣，并编制了5年19万亿日元（实际上使用了26万亿日元）的复兴预算。但是，重建工作却进展缓慢。根据日本厚生省的调查，东日本大地震受灾地的居民在震灾5年后，所受的创伤远远没有愈合，创伤后应激障碍（PTSD）患者和失眠症患者的比例依然高于日本的平均水平。据日本警视厅的统计，截至2015年2月，依然有约23万的受灾居民无法回到他们自己的家里去，不得不继续住在临时避难所中。

社会评论家中岛久人很认同藤原的观点，他进一步指出：“3·11”后遗症的核心是对“故乡的完全消失”的恐惧，而这种恐惧并不是东日本大地震后才出现的，而是早就出现了征兆。泡沫经济崩溃后的“失去的二十年”、雷曼危机等，都带来了雇佣双方的不安，而无论都市还是地方都出现了很多关门的商店街。这些都会带来那种恐惧。2011年，除了东日本大地震外，日本还拱手让出了世界第二大经济体的桂冠。因此，日本社会意识到建立在经济高速增长期的经济大国地位上的“故乡”，随时都有可能出现根本意义上的颠覆。而东日本大地震直接呈现了“故乡”消失的光景，把日本社会的“故乡”完全消失可视化了。“故乡”的丧失，让整体日本社会的思想发生了巨大的变化。

症状之二：老年人才是主力军

面对巨大的变化，有人消极，有人积极。

2012 年底，日本众议院全国大选如火如荼地进行中。《朝日新闻》报道了这样一个花絮：

自民党总裁安倍晋三去日本各地为全国大选造势，在静冈县内乘坐 JR 东海道线的普通列车时，被一个男性老人教训了半天。因为安倍让 JR 的职员事先替他占了座位，而没有座位的那个男性老人就当面批评安倍。没想到安倍听了一下后，就不耐烦地说：“我不是道歉了吗？还要啰唆什么？”安倍说完就闭目养神，不再理睬那个男性老人。结果，那个男性老人就一直站在旁边。

从上面这则花絮中，日本民众可能只是看到日本的主要政党领袖出行时的特权也只是让列车职员事先占个座位，而那个老人更是敢当面教训前首相，而且还让他一直很难堪。当然，这则报道遭到了日本网民的批判，他们认为这是故意丑化安倍，更有网络右翼分子认为这是由《朝日新闻》捏造出来的报道。可以肯定的是这并不是一则虚假新闻，否则自民党早就会提出抗议。实际上，自民党既没有抗议，也没有出来解释。

虽然安倍当时无视了这位老人，但后来他还是讨好了全日本的老人。安倍在 2015 年度预算修正案中，提出要给低收入老年人每人发 3 万日元的补贴。在野党评判说这是安倍在参议院大选前“贿赂”选民的策略。反对者认为，如果有钱可以分发的话，应该拿去支援在学的学生，把钱用到教育方面去。但安倍强调说，老人的消费能力强，拿了钱后会促进国内的消费。实际上，日本老人的消费能力是比较强的，同时他们去投票的积极性也比年轻人高得多，安倍讨好老年人的策略可谓是一箭双雕。

看到老年社会积极一面的不只有安倍一个人。很多日本人也已经能够冷静下来，面对老年社会的进展。这使得本来被认为是一个危机的“2012 年问题”在这一年里并没有产生重大的影响。

“2012 年问题”和之前的“2007 年问题”一样，是指日本战后出生人口最多的一代，即“团块世代”中大部分人已经到 60 岁的退休年龄，日本将失去很多劳动力，尤其是有专门技术的熟练工将面临断绝的危险。面对这一危机，日本修改了法律，把退休年金的领取年龄门槛从 60 岁提高到 65 岁，这迫使一些准备退休后过年金生活的人不得不继续工作。事实上，很多准备退休的日本人不得不继续工作，在日本没有出现想象中的用工荒。但是，到了 2012 年，“团块世代”又到了可以领取年金的 65 岁，日本曾经担心会出现“2007 年问题”那样的骚动。但由于经济低迷，多数日本企业也乐得员工退休以节约大量的人工成本，因此，“2012 年问题”也就消失在无形之中了。

既然熟练工大量减少是不可避免的，日本社会对此也不再过分悲观，他们反而看到了老年人的消费能力，如果能充分挖掘老年人的消费能力，甚至能为日本摆脱通货紧缩做出贡献。日本生命基础研究所在 2012 年公布了一项研究，预测日本老年市场规模将超过 100 万亿日元。这个市场规模已经占到了日本 GDP 的 1/5，可谓是举足轻重。

根据日本的国情调查，早在 1995 年，日本 65 岁以上老人就已经超过人口总数的 14%，表明日本进入了高龄社会。2007 年，这个比例已经超过了 21%，更意味着日本已经进入了超高龄社会。但是，从认识这一问题到适应这一问题还是需要花一定的时间的，比如年龄层之间的对立就是一个大问题。

与 50 岁以下的人相比，60 岁以上的日本人拥有更多的财产，同时又能享受到现有的社会福利。但是，日本年轻人却工作不稳定，而且还要为社保付更多的费用。他们付的多，享受的却比老年人要少得多。根据日本社保费率上调后计算，如果退休后享受年金制度的时期不变的话，那么，现在是 70 岁的人总体可以拿到 110 万亿日元，而现在是 40 岁左右的人只能拿到 70 万亿日元。也就是说，支付同样的保险费，现在 40 岁左右的人最后拿到的年金只有现在 70 岁的人的 64%。对 40 岁的人来说，实在是太不公平了。这种不公平激发了日本各年龄层之间的对立。

不过，随着日本高龄社会的发展，人们开始逐步接受这样的不公平。日本老年工学研究所的川口雅裕指出，年轻人只要想一想，现在的社会是那些老年人当年的努力结果的话，对老年人的不满或许就不会产生了。所以，对日本来说，重要的不是如何消除年龄层之间的差别，而是如何充分发挥老年人的能力，让他们继续为社会做出贡献。

最能让老年人做出贡献的就是他们的消费能力了。超过 100 万亿日元规模的“银发市场”，让日本企业和日本社会找到了一个继续努力的目标。

老人就不要发情了

日本社会开始真正地重视“银发市场”，而实际上，日本老人的能力也在很“特别”的地方爆发出来了。

2013 年，日本侦破了一家“超”熟女俱乐部。这家俱乐部曾派遣了一位 64 岁的奶奶级卖淫女到东京的一家情人旅馆，向一位 82 岁的男性卖淫，被日本警察抓了正着。警察顺藤摸瓜，逮捕了俱乐部老板，端掉了这家俱乐部。不查不知道，一查很惊人。这家“超”熟女俱乐部有 16 名卖淫女，平均年龄 63 岁，最高年龄是 73 岁。这家俱乐部对年轻的应聘者一概拒绝，以“超”熟女为主打品牌。这家俱乐部老板承认，这样的“超”熟女还有很大的市场需求，从 2001 年开张以来，营业收入就超过了 3 亿日元。

本来这类违法俱乐部都是年轻女子的专属领地，没有想到 60 多岁的奶奶级卖淫女依然还有市场，所以，日本小说家群阳子就高声疾呼："老年人不要发情了。"她认为："年过花甲还要和配偶同床共寝，不仅没有问题而且还是一件好事，但是，日本的老人到老了还要和其他人做爱，真是恬不知耻。"不过，也有很多日本人认为群阳子这是多管闲事，社会应该允许个人的性取向、性嗜好，比如同性恋已经在很多地方取得市民权。

实际上，在"超"熟女俱乐部被侦破的前一年，日本就出现了一位著名的"发情老人"，就是当时的东京都知事石原慎太郎。电视节目主持人池上彰在他的节目中曾经当面称呼石原慎太郎为"暴走老人"，直白地表达了他的不满。

石原在大学时就斩获了芥川奖，并借此荣光很早就当上了自民党籍的国会议员。不过，他的民族主义倾向在自民党内没有很大市场，很快就被边缘化了。但习惯在镁光灯下生活的石原并不善罢甘休，他退出国会，摇身一变当上了东京都知事，重新膨胀了他的野心。

2012 年，败选的自民党还没有重新获得选民的认可，而执政的民主党却因为内部钩心斗角，不仅抛弃了对选民的承诺，还在选民面前演绎了持续不断的争权夺利大戏，石原看到了新的希望。他想利用民主党政府的混乱政局，组织新的政党，争取在选举中重返国会，进而问鼎首相宝座。然而，还没等他筹划好一切，大阪市长桥下彻领导的"日本维新会"在日本政坛刮起了一阵旋风，一下子又让石原的新党变得无足轻重了。为了重新夺回眼球，让石原的新党能够起死回生，他打出了最后的一张牌：掀起领土纠纷问题，迫使日本国民站在他这一边。果不其然，在石原叫嚣要购买钓鱼岛之后，中日之间立刻出现了外交困难，石原成功地用领土问题绑架了日本政府和国民。中日之间的关系也就江河日下，降到了冰点。

在 1998 年时，日本作家赤濑川原平曾经创作了一个新词"老人力”。原意是指老人们不选择逃避痴呆症等症状，反而是积极地去适应的行为。很快这个新词就在日本流行，不过，人们在使用这个词的时候，已经和原意完全相反了。日本人在使用“老人力”的时候，往往是在说明那些老人做一些与自己年龄不相称的，应该是年轻人做的事。这个被“误用”的“老人力”基本上是用在褒义方面，但是，老人就应该是老人，老来俏并不是原来应该有的姿态。同样也已经步入晚景的保守派作家曾野绫子就指出，人还是要有自知之明，需要量力而行，做符合自己本分的事。可是，对在2007年就已经进入超高龄社会的日本，而日本社会思想正在整体移轴的时候，还需要这样的警告吗?

当年十大新闻

- 日本京都大学教授山中伸弥获得诺贝尔生理学或医学奖
- “世纪第一高塔”日本东京晴空塔开始运营
- 日本选手在2012年伦敦奥运会上夺得38枚奖牌，创历史新纪录
- 12月举行众议院全国大选，执政的民主党惨败，而在野的自民党获得269席
- 日本政府将钓鱼岛国有化，导致中日关系恶化
- 2012年发生“日全食”，日本称为“金环日食”，“金”字成为年度汉字
- 日本山梨县中央高速公路隧道发生塌方，造成9人死亡
- 日本职业棒球巨人队时隔3年获得第22个日本第一桂冠
- 地铁沙林事件的主要嫌疑犯菊地直子被捕，奥姆真理教事件搜查结束
- 日本兵库县尼崎市的“铁桶尸体事件”牵连出涉及7个家庭，至少11人死亡的“尼崎事件”

第三节　畅销书之2012：交流・坚持

2012				
排名	书名	作者	出版时间	出版社
1	聞く力 《倾听力》	阿川佐和子	2012年1月	文藝春秋
2	置かれた場所で咲きなさい 《就在你所在的地方生根开花》	渡辺和子	2012年4月	幻冬舎
3	新・人間革命　第24巻 《新人间革命》第24卷	池田大作	2012年11月	聖教新聞社
4	体脂肪計タニタの社員食堂 500Kcalのまんぷく定食 《体脂肪计百利达的员工食堂》 続・体脂肪計タニタの社員食堂　もっとおいしい500Kcalのまんぷく定食 《体脂肪计百利达的员工食堂续》	タニタ	2010年2月 2010年11月	大和書房
5	舟を編む 《编舟记》	三浦しをん	2011年9月	光文社
6	大往生したけりゃ医療とかかわるな 《大往生》	中村仁一	2012年1月	幻冬舎
7	人生がときめく片づけの魔法1、2 《怦然心动的人生整理魔法》1，2	近藤麻理恵	2011年1月 2012年10月	サンマーク出版
8	不滅の法 《不灭之法》	大川隆法	2012年1月	幸福の科学出版
9	実はスゴイ！大人のラジオ体操 《真正厉害！成人的广播体操》	中村格子	2012年4月	講談社
10	50歳を超えても30代に見える生き方 《50多岁的人看起来只有30多岁的生活方式》	南雲吉則	2011年10月	講談社

资料来源：株式会社トーハン

自由撰稿人、东京女子书评部主持人高仓优子在她的博客里这样写道：“今年畅销书榜中第一第二的书我都买了。能够选对这样非常畅销的书真是非常高兴。读了这样的书就好像输入了新鲜血液，从心底觉得非常温暖。我要读更多这样的书。”

这样的心得很有代表性。这一年的畅销书的前二位分别是阿川佐和子的《倾听力》以及渡边和子的《就在你所在的地方生根开花》。

不过，也有很多日本读者认为《倾听力》是文不对题，基本上没有透露什么与人交往的技巧。读者之所以被本书的书名所吸引，不就是希望得到交际技巧的传授吗？

在日本终身雇佣制盛行的年代，能够“在你所在的地方生根开花”是日本国民的一种习惯，这是一种在几百年历史过程中不断沉淀下来的习惯。也正是因为有这样的习惯，日本国民在做事的时候，即使在没有监督的情况下依然做得非常认真。但是，随着保障这种习惯的社会制度不断地改变，“落地生根”的习惯也正在被忘记。而渡边和子的这本《就在你所在的地方生根开花》又重新唤起了大家的习惯。

而小说《编舟记》则正是渡边说教的一个注解。这部小说并没有叙述一个惊心动魄的推理故事，也没有讲述跌宕起伏的人生故事，更不是具有纪念意义的项目故事。这部小说只是写了一个默默坚持的故事，而这样的坚持实际上也是一种没有止境的罗曼史。

然而这个看似平淡如水的故事竟然引起了众多读者的注意，一跃成为当年最畅销的文艺类图书。为什么会如此畅销并受到关注呢？或许和语言的表达能力有关，作者三浦认为语言可以产生希望，编辑辞书实际上就是不断地修订、不断地产生希望，所以，大家才会越来越喜欢这部小说。

《编舟记》的作者本人在就职面试时，曾遭遇全部失败，几乎看不到希望。而语言是她赖以寄托希望的最好载体，也正是语言让她找到了希望，找到了开花的地方。

2012 年，上一年大地震的伤口远远没有愈合，而野田政府提出的提高消费税问题不仅把执政党弄得乱七八糟，也给日本国民的生活带来巨大的阴影。日本读者或许想从与他人的交流中，审视自己坚持的生活态度。

《倾听力》

作者：阿川佐和子
出版时间：2012 年 1 月

【出版解题】

日本人所说的“我”，并不是以自我为基准的“我”，而是在别人眼中的“你”。这说明日本人是在与他人关系的基础上生活着的。在这样的群体社会中，最重要的就是如何倾听他人的意见。正因为这一点非常重要，日本人觉得他们自己做的总有欠缺，因此他们需要学到更多的技巧。实际上，日本人最烦恼的就是如何处理与他人之间的关系问题。

阿川佐和子的《倾听力》归类为“新书类”，属于教养和基础知识一类的书，也就是说《倾听力》应该是讲如何培养倾听能力的，出版社的推介也的确是这么说的。但是，阿川本人却反对如此提法，阿川的密友檀文听说后曾经哈哈大笑，说她坚决不相信阿川是善于倾听的人，而是一个一说起话来就喋喋不休，停也停不下来的人。然而出版社的编辑似乎对此并不了解，反而根据阿川从 1993 年就开始在《周刊文春》上连载的各种人物的访问记，就认为阿川是一个采访高手，有不凡的倾听能力。所以，就向阿川组稿，要求她总结听人说话方面的经验和技巧，写一本《倾听力》。这是 2011 年春天发生的事。

如果这时阿川没有参加 NHK 的《校外课——欢迎学长学姐》的节目的话，那么阿川大概就会婉言拒绝这个选题。因为阿川并不自认为是采访高手，有一次阿川采访棒球队员出身的国民偶像长嶋茂雄，阿川问："如何打出本垒打"，而长嶋的回答是"看到球飞来打出去就是了"。简直就是愚蠢的提问，不成回答的回答。所以阿川认为她并没有什么采访技巧可以总结，硬要写的话，不免有挂羊头卖狗肉之嫌。然而，NHK 的这个电视节目组让阿川下决心接下了这个题目。在这档节目里，阿川是一个辅导小学生进行采访的角色，如何让小学生做好采访的确让阿川费了不少工夫，也收获了一些东西能够整理出书。

无论阿川怎么谦虚，常年的采访工作，当然会积累很多的成功经验和失败教训。这些故事由作家写出来自然是引人入胜，而作家自身是如何从采访失败的阴影中走出来的，其中的心理变化也是大家愿闻其详的内容。

这样，多少有点勉强的选题，出人意料地得到了读者的欢迎。因为善于听人说话在日常生活中是随处需要的，听家人的唠叨、听朋友的烦恼、听上司的说教……不善于倾听，或许会失去很多宝贵的东西。这对过分注意人际关系的日本人来说是十分严重的事。《倾听力》就成为他们的教诲和安慰。

阿川佐和子既是电视演员，出演和主持了很多电视节目；同时，她又是作家，出版了很多书，可谓经历丰富多彩。她的名字还是从别人的墓碑上"拜借"而来的，这更添了一层神奇色彩。2012 年 1 月，《倾听力》出版后，不仅成为中年男性喜爱的读物，也成为中年妇女喜爱的读物。12 月，此书发行数已经超过 100 万册，是这一年销量唯一超过百万册的图书。男女读者通吃，让《倾听力》成为 2012 年日本最畅销的书籍。

【读者反响】

果然，在日本亚马逊网站上的读者留言几乎清一色地说本书文不对题，认为书名是编辑在营销策略下制定的引人招牌。很多读者认为这本书充其量是一本阿川的采访笔记，根本没有教导读者如何提高倾听技巧或者内容。甚至有读者指出，只要不是那么缺乏交流能力的人，这本书对他们来说没有一点参考之处。而这本书里所写的都是大家日常生活中都会做的事，也就是说如果把这本书当作实用性书来读，肯定会让人感到不满足。然而此书并没有因为文不对题而遭到大家的拒绝，依然不断畅销。本书的腰封也不断变化，最终印上了“突破 100 万册”的宣传字样，登上了百万册畅销书的台阶。

有读者认为，阿川之所以会取得成功，不是因为什么技巧，而是因为她表里如一的、有点自虐倾向的性格，以及漂亮的脸蛋。她的成功是因为她这个人，其他人想模仿也模仿不来。关于这点，有位市民活动团体的代表描述得非常有意思，他写道：

> 在读本书之前，我对阿川的印象是一个超然飘逸的人。读完本书之后，这种印象没有发生变化。那是因为本书中有很多地方显示出阿川所具有的天然素质，还能从阿川的为人处世中看出她的世界观也具有天然的特色。面对阿川那种柔和的表情、认真的态度，谁还会有半点讨厌呢？

实际上有关与人交流的技巧的书籍并不少，这部不能算是技巧的书籍的随笔集之所以如此畅销，大概是因为读者买这本书并不是刻意为了追求如何提高与人交流的能力。与那些一本正经地想帮助读者提高交流能力的书籍相比，阿川的这本书中有很多失败的经验之谈，反而更能让读者接受。正如一位读者指出的那样，与人交流时，技巧不是最重要的，“最重要的是诚心诚意地倾听对方的讲话”的态度。

阿川自己也说她并不是一个采访高手，只是一个很好的倾听者。不过，要倾听别人诉说也并不是一件容易的事，很多人往往自己滔滔不绝地说个不停。在对近 1000 名著名人物的采访中，阿川对于不知道的事绝对不会不懂装懂，对知道的事也不会浅尝辄止，还是要追问当中她所不知道的内容。阿川这样写道：“认真倾听是非常重要的，但是只是倾听也是不行的。”或许这就是阿川的技巧。她绝不是居高临下地说应该这样、应该那样，而是写了很多失败的事例，读者从中可以轻松地学到很多有益的东西。

一位读者指出：

本书绝对不应该被当作一本正经的实用性图书来读，而是应该当作高明的采访者与她的众多采访对象之间，非常愉快的故事随笔来读。那样的话，你就会变得“只要稍微倾听一会儿的话，你就会喜欢上了”。这本书就是这样的书。

168

《就在你所在的地方生根开花》

作者：渡边和子

出版时间：2012 年 4 月

【出版解题】

有一位读者给修女作家渡边和子寄来了一封信：“姊妹，对遭到强奸的女性能和她说‘就在你落脚的地方开花’吗？”渡边和子是这样回信的：“的确是很难，但是我也曾就在 1 米远的地方看着父亲被 43 发子弹枪杀，而我还是坚强地活下来了，一直争取开自己能开的花。”

这位读者所提的可能是最难的一个问题，但是渡边和子以亲身经历给予了肯定的回答。

和子的父亲渡边锭太郎是日本陆军中将，担任陆军教育总监，在陆军青年将官发动的“2 · 26 事变”中遇害。丧父之后，在“作为军人的妻子不能掉一滴眼泪”的母亲教育下，和子也为了不玷污父亲的名字而被鞭策着努力向上，年仅 36 岁就成为日本圣母清心女子学院校长。但是，教会学校也是充满矛盾的地方，以致年轻的渡边校长不堪压力而准备放弃。这时候，一首英文短诗让渡边和子找回了自信，她用改变自己的方式最终改变了周围的环境。这首诗中，有一句是“Bloom where God has planted you.（就在你落脚处开花）”。

从 20 世纪 90 年代开始，渡边修女陆续出版了《如果心里没有爱》《满怀爱心生活下去》《爱就是宽恕》《用爱和祈祷养育孩子》《看不见但重要的事物》《给美丽的人》《366 天，爱与鼓励的话》《幸福的所在》《特蕾莎修女：爱与祈祷的话语（译作）》等著作，都带有宗教说教的色彩。在日本的幻冬舍约稿的时候，渡边认为本书能卖 3000 册就不错了。没想到，这本书的销量已经超过 100 万册，而出版本书时，修女渡边和子已经 86 岁高龄了，慈眉善目，老而弥坚。中国有句俗话：不听老人言，吃亏在眼前。日本读者最近好像都很喜爱高龄作者的教诲，已过耄耋之年的修女著作字字珠玑。幻冬舍出版此书时引用了影响渡边修女的那句诗来做书名，在翻译成日语的时候，用了命令式，更像是一位老人的谆谆教诲，让那些心猿意马或是意志消沉的读者也不由自主地停下来慢慢阅读。

在日本终身雇佣制盛行的年代，能够在你所生长的地方生根开花是日本国民的一种期盼，在几百年的历史过程中不断沉淀下来的习惯。但是，随着社会的快速变化，传承下来的历史文化和习惯也渐渐消失。而这时，渡边修女的这本著作又重新唤起了大家的那种习惯。

【读者反响】

有位渡边和子的学生在日本亚马逊网站上这样留言：

那是数十年前的事，当时正是我直接向本书作者讨教的时期。有一次因为某种误解，我被渡边修女当作恶人，在大庭广众之下遭到非难。现在想来，渡边修女也是想把我以及周边的人引上正确的道路，但当时她确确实实地伤害了我。虽然蒙受不白之冤，但我这样的社会弱者既无法反驳，也不能告诉家里人，只能一个人承受无穷的烦恼。更有甚者，当我目睹了渡边修女以及她周边的人言行不一致的许多事情之后，几乎让我失去了信仰。在绝望之下，在那个误解没有得到解释的情况下，我离开了渡边修女。在这里这样写，好像是在单方面地非难她。但是，渡边修女的社会影响力非常大，她的言语能够让很多人的人生发生变化，所以，我也就下定决心这样写了。离开渡边修女之后，对她的情况就不甚了解。但当时的她应该具有识别善恶的能力，但不知道为什么虽然他人并没有恶意，而她也敏感地认为此人有恶意。恐怕这是与渡边修女到处反复强调的幼年时的不幸遭遇有密切关联的吧。这样想来，渡边修女也是一个普通的人啊。

没错，修女渡边和子虽然获得过日本文化功劳奖、教育功劳奖等诸多奖项，也出版过多种以爱为题目的书籍，但是她毕竟只是一个普通的人，她也有普通人所具有的各种烦恼。修道院不是世外桃源，教会学校也不是世外桃源。只有经历了无数的艰难曲折，才能写出那样发自肺腑的言语。

很多读者是被这本书的书名所吸引而购买阅读的。正如渡边修女的学生所言，渡边修女的语言能够改变很多人的人生。在毕业生初入职场就很容易离职的现在，一位准备离职的读者读了本书，并改变了想法，他写道：

我是一名研修班的讲师，想结束随便离职的生活，在现在的工作岗位上生根开花应该是我们对待工作的基本态度。不能开花的时候，也不应该把责任归结到他人身上，原因应该从自己的身上去找。让自己一定要开花！这应该是作为讲师的使命。

但是，新就职的学生很快就离职原因不仅仅在学生身上，因为现在的日本雇佣习惯已经发生巨大变化，企业往往要求你马上“开花”，根本不会给你时间去“生根”。

一位读者这样写道：

就在我身心疲惫已经到达极限的时候，希望从这本书中得到鼓舞，然而阅读之后反而更加绝望，这本书劝告我们要安于现状，接受现状，基本上没有提到要改变，或者在非常艰难的时候可以选择逃避的途径。大概作者是基督徒，生活在宗教的环境中才能这样，而在现实的环境中，有时候逃避也是一种很好的手段。对身处绝境中的人来说，很难接受这本书。

不过，更多的日本读者还是非常向往那个在落脚之处生根开花的旧时代。一位中学校长在新学期开始后向他的学生们推荐了这本书，并且指出：

我们在和他人比较时，往往会感叹自己不公平的遭遇。但是，我们需要有渡边修女的勇气，在落脚的地方生根开花。这位校长没有忘记，并提醒下一代也不要忘记，这种在落脚的地方生根开花原来就是日本人的习惯。

《编舟记》

作者：三浦紫苑
出版时间：2011 年 9 月

【出版解题】

早稻田大学毕业的三浦紫苑，虽然参加了 20 多家企业的面试，最后还是没有找到正式的工作。希望做编辑的她只好在书店干起了“临时工”。谁知道这位“临时工”在 5 年后竟然获得了日本的文学大奖——直木奖。这个奖有作家“登龙门”的美誉，基本上可以保证获奖者衣食无忧，彻底告别“临时工”的生活。

三浦紫苑靠一支纤笔成功地改变了自己的生活，她的成功经验就是语言能力。而小说《编舟记》叙述的编辑中型辞书的故事，也正是演绎了如何丰富人们表达能力的故事。辞书是语言海洋中的渡船，编辑辞书也就是在编造那只渡船，因此，这本小说的题目也就成为《编舟记》了。实际上三浦自己就非常喜欢使用各种词典，她写这部小说的一个灵感就来源于她自己使用的一本已经翻破了的词典。这样贴近生活的东西究竟是如何生产出来的呢？基于这样的好奇，三浦创作了这部小说。

这部小说并没有叙述一个惊心动魄的推理故事，也没有讲述跌宕起伏的人生，这部小说只是描写了一个非常平淡的日常生活。然而这个看似平淡如水的故事竟然引起了众多读者的注意，成为当年最畅销的文艺类图书。为什么会如此畅销呢？或许和语言的表达能力有关。作者三浦是这样认为的：语言可以产生希望，编辑辞书需要不断地修订，也会不断地产生希望，那其实是一种没有止境的罗曼史。

虽然三浦紫苑的就职面试全部失败了，但是在这个过程中还是有慧眼识英雄的伯乐。早川书房的村上达朗就早早地看中了三浦的写作才能。在村上的鼓励下，三浦开始试水写小说，第一本小说她只用了 3 个月就写成，并于 2000 年出版发行。此后，三浦的语言才能得到充分的发挥，她进步神速，在 29 岁时就斩获了直木奖，成为在 30 岁之前获得该奖的第 4 位女性作家。或许是对语言表达能力的情有独钟，三浦紫苑选择了编辑辞书这样冷僻的题材，在女性时尚杂志 *CLASSY* 上连载了这部小说。2011 年 9 月，这部连载小说结集成书，很快获得了 2012 年的日本书店大奖。这次获奖推动了《编舟记》的销售，据统计《编舟记》在 2012 年销售数量超过了 45 万册。

《编舟记》也很快引起了电影界的注意，2012 年夏天被改编成电影，第二年公开放映，也取得了不俗的票房成绩。

【读者反响】

很多读者都是第一次阅读三浦紫苑的作品，其中很多人是冲着书店大奖来的，从这一点来说，书店为了推销图书而组织的书店大奖取得了应有的成果。冲着书店大奖来的读者并不希望读一本轻小说，所以，他们对本书腰封上的漫画感到反感，认为这是对习惯阅读漫画一代的“献媚”。

然而，轻小说也好，献媚也罢，读者的初始印象都没有影响本书给人的平淡感觉。这部小说的作者为了使小说更加通俗易懂，在遣词造句方面花了一番工夫，这让读者读起来非常流畅，但结果却让读者感觉还缺了点什么。登场人物没有一个恶人，而且都非常有魅力，但还是让读者觉得不够过瘾。也或许是因为这部小说写得太短了。

可是，平凡的人物、平凡的生活、平凡的工作，如果写得很长的话，那么还有多少读者愿意读下去呢？

本书以马蹄光也及与他同时进出版社的西冈正志，还有进入公司 3 年后被分配到辞书编辑部的岸边绿等主要登场人物的短篇故事而构成。这些短篇故事的背景就是编辑辞书，而其中很多的内容并不为人知但却很吸引人，比如，如何选择词条，这当然有一定的基准，而对词条解释的长短也有内在规则。同时，词条的解释不能仿造其他辞书。而辞书的用纸方面也演绎出了很有趣的故事，辞书通常都非常厚，因此要求用纸尽可能薄但不能透，还要具有一定的强度，用手指轻轻地就可以翻页，不能几页粘在一起被翻过去。看完本书才知道原来高级的辞书用纸是这样在辞书编辑和造纸厂工程师之间的切磋中诞生的。

这本辞书从构想到出版需要 20 多年的时间，而辞书的编辑工作非常枯燥，同时非常费时费力。作者笔力再健，也无法把编辑辞书的故事演绎得波澜壮阔，荡气回肠。然而，小时候谁都要学会使用辞书，但几乎没有人知道辞书是怎样被编辑出版的，所以，辞书的编辑故事本身就已经足够吸引读者了。“辞书是语言大海中的渡船，而辞书编辑则是渡船的修建者。”渡海需要渡船，交流需要辞书，这部小说具有文采的题目让读者流连忘返。

“为了产生一件事物的时候，就需要语言。”这是给很多读者留下深刻印象的一句话。无论是自己思考，还是向别人传述，没有语言是办不到的。而遣词造句的不同，会使传述的效果有很大的差别。语言是人与动物区别的特征，而说日语是日本人身份的基础。日本人基本上都使用日语，所以，日语的特征也直接影响到日本人的气质。这部小说让读者也学到了很多，也是这部小说流行的原因之一。

但是，语言只是一种工具，编辑辞书的故事本身应该有更深层的东西，那是什么呢？

一位读者这样写道：

> 这部作品之所以广受欢迎，是因为这部作品的关键词实际上是“异化感”，是把现代人所拥有的异化感设定为主题。这是一部让劳动的异化、与世隔绝的孤独、明明有联系但却感到孤独的那些现代人的烦恼和悲哀暴露出来的作品。

虽然我们从小就被反复灌输要有个性，但是一旦进入社会就完全没有机会展示你的个性，公司不会根据员工的个性来设计部门，而是完全按照公司的要求来安排工作。结果，一开始还满怀希望的人很快地就变成了按照公司要求完成任务的企业战士，慢慢忘记了去追求更适合自己的工作的想法。马克思在 100 多年前就提出“劳动异化”，而在今天也没有丝毫褪色。

到 21 世纪的现在，科学技术的发展让交流成本急剧下降，我们被急速爆发的信息所包围。只要有智能手机，那么随时可以和他人交流。这样的便利让大家的关系变得更加“紧密”，但同时也产生了即便交流也互不理解的与世隔绝的孤独状况。人与人之间的隔阂反而更加难以消除。

而这部小说的主人公马蹄光也在这个时代所产生的异化中，但是他敢于直面这种异化产生的原因，并从与之奋斗的过程中解决这样的异化。实际上，作者是准确地切入了现代人谁都为之烦恼的问题，这才是这部作品深受欢迎的深层原因。

异化问题解决的话，是不是就意味着正常的普通生活的回归呢？可是什么才是正常的普通生活呢？

| 第六章 |

不被医生谋杀的 47 条心得

第一节　见证日本之 2013：鸡血效应

安倍经济学横空出世

东京再次获得 2020 年奥运会的举办权，“轮”就成为这一年的年度汉字，而奥运会在日本被简称为“五轮”。

在东京筑地市场的新年第一场交易中，一条在日本东北青森县海面捕捉到的金枪鱼以 1.5 亿日元的价格成交，创下了历史新高。

根据日本“劳动政策研究・研修机构”的调研，日本具有中学学历的女性一生辛勤劳动的平均收入为 1.5 亿日元，相当于这条金枪鱼的价格。这条身价不菲的金枪鱼是被东京一家寿司连锁店“寿司三味”的社长木村清买下的，这条金枪鱼将被拉回寿司店，做成寿司。如果从采购价格来看，要收回成本，则每份寿司的价格要高达四五万日元，不过，木村没有那样做，而是按照平时的一份 100 日元到 400 日元的价格卖掉了这些寿司。当然，木村也不傻，并不甘心做吃亏的生意。虽然用这条鱼做成的寿司远远收不回成本，但是，日本各种媒体的争相报道，带来的宣传效果恐怕要远远超过 1.5 亿日元的广告宣传效果。

尽管如此，1.5 亿日元的金枪鱼价格，也恰恰是这一年安倍经济学“鸡血效应”的一种象征吧。

为了让日本经济进入真正的复苏阶段，安倍政府很快就通过了 2012 年补充预算案和 2013 年年度预算案，这两项预算案被称为“15 个月预算”，其特点就是形成了 105 万亿日元的历史上最大规模的财政支出。随后不久，安倍政府提前更换了作为日本中央银行的日本银行总裁，而新任总裁黑田东彦上任伊始就提出了颠覆常识的大规模货币宽松政策。

在安倍经济学的刺激下，日本经济在 2013 年出现了复苏的迹象，2 月份发布的月度景气动向指数表明，在经过 9 个月的负增长后终于重新出现了大幅度的增长。从 9 月份的全国企业短期经济观察的调查来看，大企业、制造业的状况都表现出色，基本上都已经恢复到 2008 年全球金融危机爆发前的水准。经济复苏的标志性的指标就是日本的股价在黑田出任日本银行总裁之前，就已经恢复到“雷曼冲击”之前的水准了。

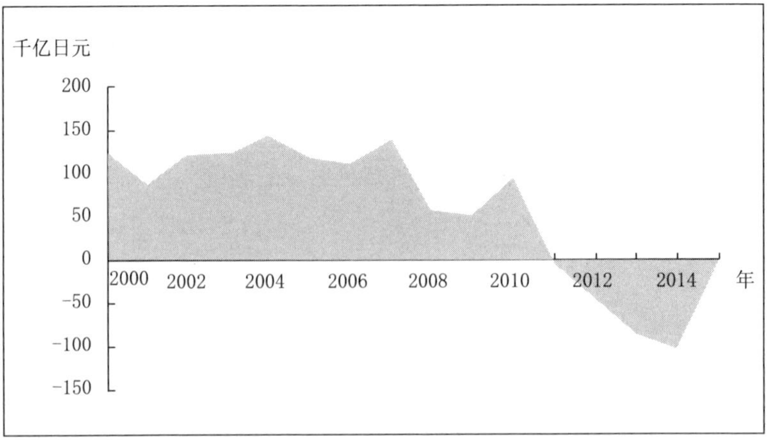

图 6　日本的贸易收支情况

资料来源：日本财务省

6月，安倍政府正式通过了“日本再兴战略”，这也充实了安倍经济学的全部内容。

8月，日本财务省的公告指出，截至2013年6月底，日本债务总额第一次超过1000万亿日元，即日本国民平均每人将平摊792万日元的债务。

安倍做出的“改变”

上任之初，安倍首相就开始为变更宪法解释做准备，首先他任命了赞同更改宪法解释的驻法大使小松一郎为内阁法制局长。内阁法制局是日本政府决定法律法规的决策机构，日本政府各部门要提交的法律草案都需要得到内阁法制局的批准才能提交。改变对宪法的解释，意味着对以前历届日本政府主张的否定，是对法制局以前工作的否定，这在法制局内部也有很多抵触，但随着小松出任局长，内阁法制局也开始朝赞同更改宪法解释方向变化。

另外，安倍也改变了主张，他从坚决反对美国主导的跨太平洋伙伴关系协定（TPP）摇身一变宣布接受。3月，访问美国的安倍首相正式表明日本将与之进行TPP的谈判，让美国久悬不下的心终于放了下来。日本国内对TPP的经济成果有很大的怀疑，因为TPP主张全部废除产品的进出口税，但是如果消除了关税的话，那么日本的农业将受到重大的冲击。此前，安倍本人也一直反对TPP，但重新执政的安倍吸取了上一次执政时的教训，准备加强与美国的关系，因此答应参加TPP，拿这件事作为给美国的见面礼。同时，为了消除日本农户的疑虑，安倍在美国奥巴马政府的配合下，宣称将增加TPP有关日本农业产品关税的保护措施，从而给日本农户吃了一颗定心丸。当然，这些保护措施与TPP的宗旨针锋相对，最后能不能真正保留日本农业方面的关税，恐怕连安倍自己也不太有把握。

日本的核电站事故还没有完了，4月，又爆发出福岛第一核电站的地下水槽里有大约 120 吨核污染水外泄，成为最大规模的核污染水的外泄事故。但是，这个事故并没有影响日本在海外推销核电站。就在日本国内反对核电站的呼声日益提高的时候，5 月，安倍首相却在土耳其宣布，日本获得了土耳其的核电站订单。9 月，随着关西电力公司的大饭核电站 4 号机组例行的停机检查，日本国内的核电站再一次全部停止了工作。而日本国内对核电站普遍持怀疑和否定的态度变成了巨大的压力，这使得日本国内的核电站什么时候能重新开机发电变成了一个未知数。

这一年，日本在解禁网络销售药品之后，又解禁了网络政治选举活动。2013 年底，由于选票代表人数的差别问题，日本最高法院判决 2012 年实施的全国众议院大选处于违宪状态。不过，这次判决并没有推翻那次大选，所以并不影响选举的结果。

7 月，执政的自民党和公明党在第 23 次日本国会参议院大选中取得胜利，改变了执政党在参议院只占少数的被动局面。这次胜利非常重要，因为在大选前的 6 月，参议院通过了对安倍首相的问责决议。虽然参议院的问责相当于众议院的内阁不信任案，但是参议院并没有让首相下台的权力，不过还是有权拒绝被问责的首相来参议院参加会议。如果执政党在参议院大选中没有取得胜利的话，对安倍首相来说，国会的运营将步履蹒跚。

社会需要强化管理

美国第三大移动运营商 Sprint Nextel 召开股东大会，通过了日本软银的收购方案。日本软银在这次并购之后，将成为继中国移动和美国 Verizon 公司之后，世界第三大移动通信公司。就在日本软银总裁孙正义因为并购而大出风头的同时，川崎重工业召开临时股东大会，撤销了公司和三井造船公司的并购谈判，解除了推进并购谈判的长谷川聪社长等执行干部的职务。这起有望成为近半个世纪以来日本最大的企业并购案也随之流产。

随着雷达 4 号卫星的发射成功，日本政府获得了可以全面监视地球任何一个角落的能力，而 2013 年底日本国会通过的《特别秘密保护法案》则赋予了日本政府大力处罚任何泄露政府相关信息的个人和组织的权力。这一年，国会还通过了“国民号码制度”的相关法律，将给予没有身份证的日本国民一个终身使用的“国民号码卡”，安倍政府以此强化对国民的管理。

2013 年 6 月，日本还通过了反家庭暴力法《配偶间暴力防止法》的修改，增加了防止用邮件骚扰，并将同居者的暴力迫害也增加到适用范围内等内容。

这一年，日本著名的百货商店陆续暴露出食品包装上标识虚假内容的问题，高岛屋、大丸松板屋、三越伊势丹等无一幸免，而大谷酒店、华盛顿酒店也名列其中。

另外，这一年日本的人口已经连续 4 年减少，其中生产人口，即 15—64 岁的人口也从 1994 年以来首次减少到 8000 万人以下，而 65 岁以上的老年人口却突破了 3000 万人，老龄化社会进一步加强。日本厚生劳动省发表报告指出，100 岁以上的老年人口比上一年增加了 3021 人，达到了 5.4 万人。

2013 年日本住宅建设开工率比上一年增加了 11%，实现了连续 4 年的增长。而汽车的新车销售增长率也比上一年增长 0.1%，这是连续第 2 年的增长。百货商店的销售也和汽车销售一样连续两年增长，增长率是 1.6%，但是，超市的销售额仍持续 17 年的负增长势头。在劳动和雇佣方面，已经连续 3 年有所改善，2013 年的年平均失业率为 4%，12 月的失业人数是 225 万人，比上一年同期减少了 34 万人。

第二节　社会思想的整体移轴：安倍豪赌日本未来

鸡血效应

在安倍晋三第二次出任日本首相之初，他明确地把通货紧缩当作日本经济长期低迷的罪魁祸首，并针对这一问题提出了一系列经济改革政策。从那时起日本媒体就套用“里根经济学”一词，把安倍的经济政策统称为“安倍经济学”。其具体内容主要是安倍在首相就职记者会上用“三支箭”来说明的经济政策方针，即大胆的金融政策、机动性的财政政策和促进民间投资的增长战略。

第一支“箭”，大胆的金融政策主要是设定通货膨胀的目标，而为了实现这个目标需要采取和维持大胆的量化宽松政策。安倍政府推荐的日本银行新任总裁黑田东彦在第一次出场时就为安倍交出了一份令人震惊的运营计划。日本银行将要在两年里实现物价上涨 2% 的目标，为此，需要把货币供应量提高 2 倍，把国债平均剩余到期日期延长 2 倍。这次日本史无前例的宽松政策被誉为“不同次元的宽松政策”，一经出台，立刻在市场上掀起巨大的波澜。日元汇率应声而跌，而日本股市则扭头暴涨。

第二支“箭”，机动性的财政政策，实际上就是大规模扩大财政支出，用政府投资来刺激经济发展。安倍执政后立刻通过了一个“15 个月预算”，即把 2012 年度的补充预算和 2013 年度的预算结合在一起，预算总额超过了 100 万亿日元。由于日本税收只有 43 万亿日元，其他部分只能通过新发国债来填补，因此，预算中的新借款超过了 45 万亿日元，也就是说日本政府借的钱已经超过了其税收收入。税收是不用还的，但国债却要定期还。尽管如此，安倍还是希望通过这样大规模的财政政策，拉动日本经济 GDP1.5% 的增长。

就在安倍宣布“三支箭”的经济政策时，他手上还没有掌握第三支“箭”，他还没有明确的增长战略。实际上，这也是“安倍经济学”先天性缺陷的象征。尽管在半年之后，安倍最终公布了他的增长战略，但是，他的增长战略内容依然暧昧不明，一直没有起到太大的作用。安倍经济学实际上给日本经济带来的只是大胆的金融政策以及大规模财政支出所产生的效应。

但是，不容置疑的是安倍经济学带来的效应还是很明显的，在 2012 年至 2013 年的冬季，日本经济确实出现了复苏的迹象。日本政府公布的景气调查也显示了各类景气指数都在上升，而日本股市的表现最为突出，在这一阶段日本股市总市值竟然增加了 120 万亿日元，超过了日本政府的年度预算额。而很多日本企业也都营收双增，纷纷摘掉了亏损的帽子。

不过，金融和财政的刺激都不是长久之事，安倍经济学能否成功是建立在国民对日本经济是否有信心的基础之上。当日本国民都相信日本经济肯定会增长的时候，消费和投资就都会活跃起来，否则，经济将重回低迷状态。而问题是那时候日本银行也就拿不出太多的措施来继续扩大宽松政策，或者只能采取损坏货币信用的手段了，也就是只能自己破坏金融体系，引来吓人的通货膨胀了。另外，政府也不会有太多的办法来扩大财政支出、继续刺激消费，如果长期依赖公共投资拉动经济增长，必将使日本的国家债务陷入万劫不复的境地。如果安倍经济学的第三支“箭”迟迟达不到效果的话，那么安倍经济学只能是一种豪赌了，所掀起的经济复苏只是一种鸡血效应的体现罢了。

安倍经济学的双“掠夺”

安倍经济学短时期内产生的效果可以称为“鸡血效应”，其标志就是日元汇率的狂跌和日本股市的暴涨。但是，安倍经济学所产生的效应实际上是带有掠夺性质的，日元贬值是对周边国家的掠夺，而财政出动则是对日本未来的掠夺。

从2012年11月至2013年4月底，日元对美元的汇率一路下滑，从1美元兑换80日元一直降到1美元兑换100日元，贬值幅度达到20%。而且，日元贬值还远远没有结束，日元仍在继续贬值，到2015年初，已经到1美元兑换120日元的程度。在此期间，日本企业的业绩全面好转，除了因为日本企业在海外所获得的盈利因为日元汇率而被放大之外，日元贬值也给日本企业带来了产品价格上的竞争优势。因为价格过高，而在韩国企业面前节节败退的日本企业重新获得了市场的青睐。在电气、运输机械等行业，日本企业重新获得产品价格竞争力而急剧增加了销售额，也改善了企业的业绩。

本来这些日本企业因为产品价格过高等原因，无法与周边国家的企业竞争而逐步缩小了市场份额，但是，由于日元汇率的变化，日本企业的产品在价格上重新获得竞争力，进而扩大了市场份额。同时，也就意味着日本企业利用日元汇率的贬值，从周边国家的企业手中抢夺了很多订单。

安倍经济学的另一个重要内容是政府的财政出动，即通过增发赤字国债而得到资金进行投资的行为，因此，政府财政出动所创造出来的需求，实际上就是强行把将来的需求提前落实而已。这样的财政出动本来是凯恩斯主义的基本原理，在一定条件下能够起到一定的作用。在经济低迷时，政府通过向未来借债来刺激眼下的经济，当将来经济过热的时候，通过增税来给过热的经济降温，同时偿还此前的国债。这是一种非常理想的循环，但是需要有一个前提，那就是政府能够对景气循环做出准确的预测，在最好的时机进行财政出动，那样的话就能让经济稳定地发展，否则将带来更多的动荡。但是，这种准确的预测往往只在理论上存在可能性，而要真正地把握好财政投入的时机也绝非易事。

日本的国债在2013年首次超过1000万亿日元大关。预计到2015年度结束时，日本政府的负债纪录将超过1050万亿日元，按人口平均分摊的话，日本国民平均每人获得的负债额将超过900万日元。虽然这几年安倍政府竭力扩大政府的财政预算，但其总额也只有100万亿日元左右，其中支付政府债务本息的额度只有30万亿日元左右，按照这样的比例，日本政府什么时候才能还清这些债务呢？

现在掌握了安倍政府经济大权的通货膨胀派认为，无论怎样削减政府支出进行结构改革，也达不到还清政府所有债务的目的，要达到这个目的，只有一条路，即增加货币发行量。如果日本政府能够发行与现在债务总额等量的日元，那么就能轻松还清全部债务了。但是，这样做的话，就是把日元大幅度贬值。不仅会引起极度的经济和社会混乱，实际上也是一种赤裸裸的对未来的掠夺行为。

“积极性和平主义”

安倍上台后打出的另一个旗号是“积极性和平主义”。但是，积极和平理念的提倡者、和平研究北欧学派的代表人物约翰·加尔通教授通过日本媒体明确指出，安倍不仅盗用了他的“积极和平”的概念，而且还篡改了他的概念。因为安倍的“积极性和平主义”是建立在军事基础上的，这和加尔通所提倡的积极和平具有本质上的不同。加尔通明确指出，安倍主张的“积极性和平主义”完全没有和平的要素。在安倍高举“积极性和平主义”旗号的两年后，白发苍苍的86岁老人加尔通，不顾路途遥远专门飞到日本来给日本国民澄清“积极和平”的概念。

如果说加尔通来日本是为了教育安倍，那么显然是走错门了。因为安倍并不是误解了“积极和平”的政治理念，而是有意背道而驰。实际上，日本宪法有三大原则，和平主义就是其中一项。主张修改日本和平宪法的安倍当然不愿意遵守这样的束缚，因此，他打出了与和平宪法背道而驰的“积极性和平主义”旗号。

而正如加尔通教授指出的，安倍的“积极性和平主义”并没有和平的要素，因为他的政治主张就是要突破日本原有的专守防卫、缩小军备等原则，安倍在和平主义的旗号下，不仅要扩大军备，还要扩大军事行动的空间范围。安倍执政后，就正式地把“积极性和平主义”作为国家战略。同时，为了实现与日本宪法背道而驰的“积极性和平主义”，修改宪法就是非常必要的了。但是，修改宪法会遇到很多很难以逾越的困难，因此，安倍采取了另外一种变通手法，即通过对宪法解释的变更来为他的主张铺平道路。

当然，日本国民也不都是幼儿，翻手为云覆手为雨的宪法解释也很难让大家接受，因此，安倍通过酒后吐真言的方式，告诉国民变更宪法解释的目的是“配合美国打击中国”，希望用树立假想敌的方式获得国民的认同。

但是，安倍所代表的日本保守派的目的并不在如何对抗中国，这只是他们找到的一个很有用的武器。他们的目标是“否定东京审判”，也就是要否定战后强加在日本身上的制度。他们认为战后日本不能舞刀弄枪，并不是一个普通的国家，所以他们想要推翻这个体制。当安倍第一次执政时，就曾经明确提出了要终结日本战后体制的政治主张。问题是战后体制是在美国的主导下建立起来的，美国当然不会答应日本挑战这个体制，安倍被美国贴上右派标签，不得不很快下台。因此，安倍第二次执政时吸取了上一次的教训，摆出了一副完全听从美国的姿态，谋求在美国人支持的范围内打破东京审判的历史枷锁。显然这种与虎谋皮的想法还是过于天真，如果找不到更好的方法，安倍可能会被美国再次抛弃。所以，当美国开始打压中国时，安倍看到了机会，毫不犹豫地采取“对抗中国”的策略，积极地为美国打先锋，赢得美国对他的赞许。美国似乎在各方面都捏住了日本的命门，他们不害怕日本重新拥有军备，而安倍则准备乘机打开重新拥有军备的大门。

在美国人的支持下，安倍也就有恃无恐。他在第一次执政时，把日本防卫厅升级成防卫省，当时曾经遭到过很大阻力，而安倍再次上台后，这方面的阻力已经变得很小了。2013 年，刚刚上台的安倍内阁，一改过去日本政府削减国防预算的方针，重新增加了日本的国防预算，并在接下来的 3 年内，一直让国防预算处于每年递增的状态。同年，安倍还通过了“武器出口三原则”的修改，让日本的国防产业获得了强化的机会。2014 年，安倍政府通过了对宪法解释的变更，解禁日本的集体自卫权，为日本自卫队的海外出征打开方便之门。2015 年，安倍政府又修改了对外援助的 ODA 大纲，直接把经济援助当作政治交易的工具。现在，日本媒体甚至认为安倍政府已经开始做战争的准备了。

这种担心实际上也不无道理，安倍已经在很多具体事务方面进行了调整。战后，重新设立的自卫队一直是采用“文民统制”的原则，“文民”在中国一般译为“文官”，但其实“文民”是英文中的“civilian”，日本的“文民”的地位高于武官。2014 年，安倍内阁通过防卫省设置法的修改，提高了自卫队中武官的地位，而在实际运营中，政治家和文官基本无法插手，“文民统制”原则已经名存实亡了。安倍第二次执政后，每个星期都要会见自卫队的最高长官统合幕僚长，其频繁程度远远超过了历届首相。同时，安倍还尽一切可能让统合幕僚长在媒体上露面，试图在国民中强化对自卫队武官的印象。

当然日本的重新拥有军备必须是在美国允许的范围内进行，安倍也知道美国最终不会答应日本终结战后体制的要求。他应该是想充分利用美国人的心理，尽量地让日本重新成为一个可以舞刀弄枪的普通国家，那么，当他喊出假想敌的名字时，内心的真实想法又到底是什么呢？

当年十大新闻

- 日本东京获得2020年夏季奥运会举办权
- 日本富士山正式登记为世界文化遗产，是日本国内第13处世界遗产
- 联合执政的自民党和公明党在2013年日本参议院全国大选中获得超过半数席位
- 福岛核电站发生两次辐射污染水外泄事件
- 日本政府给棒球运动员长嶋茂雄和松井秀喜颁发“国民荣誉奖”
- 受台风影响，日本伊豆大岛发生土石流，造成36人死亡
- 日本政府决定从2014年4月开始将消费税提高到8%
- 日本职业棒球乐天队的田中将大投手创下连续胜投28次，刷新吉尼斯世界纪录
- 日本首相安倍晋三宣布日本正式加入TPP谈判
- 日本阪急阪神公司旗下数十家酒店及餐厅伪造高级食材事件被曝光

第三节　畅销书之 2013：治病·激励

2013				
排名	书名	作者	出版时间	出版社
1	医者に殺されない４７の心得 《不被医生谋杀的 47 条心得》	近藤誠	2012 年 12 月	アスコム
2	色彩を持たない多崎つくると、彼の巡礼の年 《没有色彩的多崎作和他的巡礼之年》	村上春樹	2013 年 4 月	文藝春秋
3	聞く力 《倾听力》	阿川佐和子	2012 年 1 月	文藝春秋
4	海賊とよばれた男　上・下 《被称作海贼的男人》上，下	百田尚樹	2012 年 7 月	講談社
5	ロスジェネの逆襲 《失落世代的逆袭》	池井戸潤	2012 年 6 月	ダイヤモンド社
6	新・人間革命　第 25 巻 《新人间革命》第 25 卷	池田大作	2013 年 11 月	聖教新聞社
7	人間にとって成熟とは何か 《对人来说成熟是什么》	曽野綾子	2013 年 7 月	幻冬舎
8	とびだせ どうぶつの森 かんぺきガイドブック 《来吧！动物之森 最完全指南》	ファミ通／責任編集	2012 年 12 月	KADOKAWA
9	できる大人のモノの言い方大全 《成功人士的说话大全》	話題の達人倶楽部編	2012 年 10 月	青春出版社
10	置かれた場所で咲きなさい 《就在你所在的地方生根开花》	渡辺和子	2012 年 4 月	幻冬舎

资料来源：株式会社トーハン

2013 年的日本畅销书分别代表了日本的一些主流意见在激烈碰撞，它们所产生的声音是如此沉重。

经验丰富的医生警告大家不要盲信医院，因为你所信任的医生可能会用各种治疗手段缩短你的寿命。这完全颠覆了日本国民的常识。告诉大家不要靠药物来维持健康的《不被医生谋杀的 47 条心得》力压村上春树的小说《没有色彩的多崎作和他的巡礼之年》，夺得 2013 年畅销书榜首。

而村上则通过《没有色彩的多崎作和他的巡礼之年》这本小说完成了他作为作家的使命。他在小说里描写了主人公只有在完成了“巡礼”，也就是处理完历史遗留问题之后，才能真正地开始新的人生的故事。因为历史是无法改变的，所以需要勇气去面对。无论是悲叹还是绝望，我们都不能回避。这是在日本社会开始出现历史修正主义的时候，村上认为作为一个作家有义务为伸张社会正义而发声。

而老年新星的百田尚树则采取与村上完全不同的态度，他认为从日本战前战后的历史里可以找到让现代日本人找回自我、重振旗鼓的东西。《被称作海贼的男人》是他铆足全力写出来的长篇小说。第二次世界大战以后，军国主义的日本在美国的指导下遭到批判而被彻底否定，不过，日本的右翼对此总不满意，称之为“自虐史观”，他们总想改变这样的状态但一直无法改变。百田尚树小说的畅销，让日本的右翼扬眉吐气。而安倍政权的支持，让礼赞近代日本的百田等掌握了日本最大的媒体 NHK 的经营权，从而也掌握了日本舆论的要冲。

在百田完成第一本小说时，没有出版社愿意出版他的小说。而到 2013 年，他的小说已经可以和村上的小说在销量方面进行较量了。可以说，百田作品的畅销，就是日本的社会思想整体移轴的一种体现。

《不被医生谋杀的 47 条心得》

作者：近藤诚
出版时间：2012 年 12 月

【出版解题】

日本人最相信谁？不是他们的骨肉至亲，也不是亲戚朋友，他们最相信的是医生，因为他们把自己的性命交给了医生，甘愿听从医生的摆布。然而，日本庆应大学附属医院的近藤诚医生却告诫大家不要盲信医生，在去医院之前要好好想一想到底要不要去医院。因为一到医院，你就不再能掌握自己，只能完全听医生摆布，然而你所信任的医生可能会用各种治疗缩短你的寿命。

这真是一个医生所写的著作吗？

是的，这是一个行医超过 40 年的医生的最新著作。策划本书的出版社非常看好这本书，第一版就印刷了 1 万册，这在 10 万册就是畅销书的时代，是非常难能可贵的。已经出版过多种畅销书的出版社这一次也没有走眼，果然 3 个月后，本书的销售量就突破了 10 万册，而且畅销势头毫不减弱，一年后就突破了 100 万册，最后力压村上春树的长篇小说《没有色彩的多崎作和他的巡礼之年》位居 2013 年畅销书榜首。在本书出版一年之内，出版社收到了超过 6000 封读者来信，大多数读者惊叹大家熟知的医疗常识竟然那么不可靠，也开始认识到病人不应该让医生摆布，必须自己掌握必要的知识。读者有这样的反应，说明近藤医生的努力获得了成果。事实上，近藤医生已经不是第一次出版这类著作，与医学界主流的积极治疗原则背道而驰，他主张放任自流疗法，1988 年，近藤医生在《文艺春秋》上发表了一篇题为《乳房癌不用切除可以治愈》的论文，提倡保存乳房的癌治疗。

而也正是这篇论文断送了近藤医生提升为教授的道路，他也成为了整个医疗界的敌人。但是，近藤医生并没有因此而退却，1988 年，他出版了第一本著作，书名就是《癌症医疗现场的异常状况》，富有才华的年轻医生近藤诚走上了一条为患者而对抗全部既得利益者的道路。

近藤诚出身于医生世家，他以第一名的成绩从庆应义塾大学医学部毕业后，留校进入放射科，并通过日本医师考试，还获得在美国行医的基本资格（ECFMG 证书）。此后，近藤前往美国留学，回国后以出色的成绩取得庆应大学医学博士学位。虽然近藤医生是 90 年代把癌症放射线治疗引进日本的医生之一，而且他行医已经超过 40 年，但最终没能升任教授，一直是庆应大学医学部放射线科的专任讲师，显然是受到了医院主流派的排斥。

然而，近藤医师却矢志不渝，一直坚持他对癌症治疗的看法。2012 年，近藤医生获得日本菊池宽奖。长期以来，他为患者普及乳房温存疗法、抗癌药物的毒性、扩大手术的危险性等前沿医疗知识的活动终于获得日本社会的认可。同年获奖的还有演员高仓健、作家曾野凌子以及新潟县佐渡朱鹮保护中心等个人和团体。

这些年来，他不仅出版了《患者啊，不要与癌症斗争》等关于癌症治疗要放任自流的著作，而且还出版了本书这样告诫广大患者不要盲目相信医生的著作。近藤医师总结他行医 40 多年的经验，指出越是去医院勤快的人越是死得早。无疑这对民众的冲击是巨大的。日本人最相信的医生竟然会谋杀他们，如果是事实的话，那么日本社会还有什么可以信任的基础呢？本书最大的冲击也许就是对日本习惯性的安全神话的最后致命一击。

【读者反响】

本书出版后不到一年，销售数量就突破了 100 万册。刚开始的时候，主要读者群是 50—70 岁的女性，她们觉得本书非常有用，往往一次就购买 10 本分送给亲戚朋友。随着本书的热销，读者年龄一再扩大，形成了从 12 岁到 90 多岁的读者群体。而读者的反响也非常热烈，作者近藤医生收到了超过 7000 张读者寄来的明信片。这些读者的明信片记录了他们的实际体验。

一位 40 多岁的读者这样写道：

患上癌症被送进医院的 70 多岁父亲希望回到家里，但被医生教训：请听从医生的话。大量的抗癌药物让父亲非常痛苦，结果 1 个月后他就过世了。现在我非常非常后悔。

一位 60 多岁的女性读者这样写道：

85 岁的妈妈因为胃癌过世了。在发现后的 5 年间，一直采用缓和治疗，结果妈妈没有什么痛苦地度过了最后的人生。不过，实际上我一直纠结是否要给妈妈做手术，读了本书之后知道我没有做错，不觉眼泪流了出来。

194

《没有色彩的多崎作和他的巡礼之年》

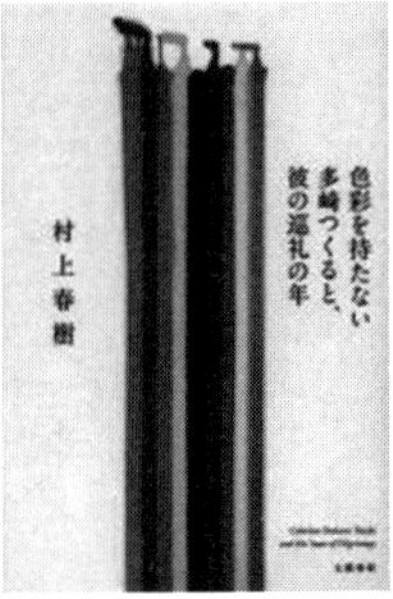

作者：村上春树

出版时间：2013 年 4 月

【出版解题】

“3 · 11”大地震之后的日本站在了歧路之上。

2011 年 11 月，村上春树在接受奥地利记者布兰德纳的采访时指出，为了走上歧路的日本，作家在这个时候责无旁贷地需要说些什么。

大家一直认为不会出事故的核电站出了重大事故，这让日本人丧失了自信。大家陷入迷茫，惶惶不安，不知道以后应该朝什么方向前进。虽然很多日本人希望日本有所改变，但却没有一个政治家能够登高一呼，带领大家往前进。

日本人不太善于表达自己的情感，但是，这次核电站事故让日本人发出了心底的愤慨。日本政府巧妙地区分了原子能和核武器的善恶，结果让手冢治虫的阿童木当上了原子能的形象大使，这不仅让核电为日本国民所接受，而且还模糊了日本不制造、不拥有、不引进核武器的“无核三原则”，实际上只要是日本人都知道在日本的美军基地里就装配了核武器，但大家都揣着明白装糊涂，好像那里什么都不存在一样。这样的装糊涂早就让日本宪法第 9 条名存实亡了。

所以，作为一个有发言权的作家，村上认为他有义务对这些问题进行直截了当的批判。村上著名的“墙与鸡蛋”的演说就是他愿意为弱势群体发声的宣言，而他的报告文学《地下》等作品也反映了作者对现实的深刻关注。虽然是畅销小说的作家，但村上笔下的世界并不是世外桃源，他的小说一直紧扣着社会发展的轨迹。在接受这次采访3个月之后，村上动笔开始了新长篇小说的写作，即在2013年4月出版的本书。

这本书并没有直接描写核电站事故，因为村上认为描写日本人内心深处的东西比描写核电站事故本身更为重要。在日本站在歧路上的时候，村上认为他有写作小说的使命感。借助小说中的人物沙罗之口，村上说出了他想说的话：“虽然可以隐藏记忆，但历史是无法改变的。”

早稻田大学佐佐木敦教授指出：历史是无法改变的，所以需要拿出勇气去面对，哪怕会带来悲叹和绝望，哪怕充满了不解之谜，我们也不能回避。这部小说的主题也是这样的清晰：只有在主人公多崎作完成了巡礼，也就是处理完历史遗留问题之后，才能真正地开始他的新人生。

有意思的是获得了本书出版权的文艺春秋出版社对村上这部小说的主题抱着装糊涂的态度。他们看到的或许只是一本畅销书的手稿，只要能把这些手稿变成真正的畅销书就可以了。文艺春秋出版社复制了新潮社推《1Q84》的手法，并且发扬光大。出色的营销获得了成功，本书在公开发行之前就已经加印了3次，达到了50万册。这是该出版社史上首印发行量最高的单行本。本书在公开发行后一周的发行量就已经突破了100万册。

本书不仅在日本引起热销，也被迅速翻译成多国文字，在英国、美国、韩国等很多国家都畅销不已。这部小说的中文繁体版由台湾时报出版社于2013年10月1日出版。而香港的部分大型书店如PAGE ONE、商务印书馆、三联书店及香港诚品书店等已于9月22日起开始发售，成为全球最早开卖的地区。中文简体的版权也在经过几家出版社之间的“争夺”之后，最终由新经典文化公司获得发行权。

【读者反响】

从出版社放出本书的书名风声后，评论就铺天盖地地引发出来了。书名中有“没有色彩”之句，所以开始的广告也没有使用任何色彩，只是黑白的世界形成了一种奇特的氛围。早稻田大学的石原千秋教授作了解说：“没有色彩”这样的词能够让人联想到东日本大地震后荒废的世界。从出版了以地铁沙林事件为主题的报告文学《地下》之后的村上的创作态度来看，在现在这个时期出版这部小说，应该与“3·11”大地震有密切关系。

这样的诠释得到了广泛的认同，读者都认为这部小说是受到了大地震的某种影响，属于“后3·11文学”。而“后3·11文学”的特征之一就是都具有“虽然最后拯救了生命，但是却失去了像灵魂那样很重要的东西”。

不过，或许这只是专家的意见，一般的读者是如何感受的呢？一位已经工作了9年，但仍然在寻找自我的年轻读者这样写道：

> 这是继《1Q84》之后我读的第二本村上的小说，他的文章很有个性，也形成了一种世界观。尽管在夜里读这本小说感到有点恐怖，但是越读越被这样的文章和这样的世界观所深深吸引。但是，这部小说的主题到底是什么呢？

实际上，搞不清小说主题的读者不在少数，在日本亚马逊网站上留下了洋洋洒洒的长篇感想的“Dori”也认为读完之后并没有抓住作者想表达的重点。他对日本亚马逊网站上给本书打五星的留言非常不感冒，认为“读了之后重新充满了自信”之类的话不值一提。被旧友断绝关系的主人公应该是非常孤独的，但是小说中描写的主人公过着优雅的单身生活，并不像现代社会中失去自信的人那样真正的孤独，更要命的是主人公在失去“白”这样的女神之后，又找到了沙罗这样的女神，而世上有多少人有这样的幸运呢？大多数人是不会碰到沙罗的，如果不能遇到这样的女人就找不回自信的话，那么世上会有多少人依然陷入在无底的深渊之中呢？或者可以说“沙罗”就是孤独寂寞的上班族们的一种妄想，大概也只有这样才能解释为什么这部小说能得到那么多读者的赞叹。

显然小说的主题不是孤独，读者也可以自由地把自己的感情代入小说主人公身上。实际上，读者并不需要对如此畅销的小说有共同的认识。评论家宇野常宽认为村上的小说从《1Q84》的第三册开始逐步放弃了直接反映社会生活的那种写法，但并没有人把这部小说归类到轻小说里去。

随着多崎作对旧友的访问巡礼，小说淡淡地叙述了当年老友与多崎断绝关系的理由，借此讲述了日本人小团体的形成和崩溃过程中的向心力和远心力。然而，更加重要的是在多崎完成了他的巡礼之后，对沙罗产生了更加强烈的占有欲望，从而复活了他对人生的真实情感。似乎巡礼的目的正是这个，或者应该说这种看法抓住了要点。但是，很多读者并没有在这里进行思考，而是因为小说并没有揭示最后的结果而把这部小说当作侦探小说来看待。

如果作为侦探小说，那么在最后还是能够给读者很多想象的空间。实际上，小说中有很多伏笔并没有在最后交代清楚，其中很多事情依然像谜一般没有得到说明。而“沙罗希望多崎等待 3 天让她做最后的整理”的结尾，也能让读者自行想象完美的结局或者悲剧性结局。

但是，这部小说不是一部侦探小说。沙罗是否答应多崎已经不重要了，重要的是在巡礼归来之后，多崎得以明确地清算了过去，可以真正地开始他的新生活。评论家“finalvent”指出：现在 30 多岁的读者读了这部小说之后，应该会去考虑如何面对自己的过去，我们只有清算了过去，才能开始新的生活。

《被称作海贼的男人》

作者：百田尚树
出版时间：2012 年 7 月

【出版解题】

“现在不写的话绝对不行，特别是现在的日本人不知道这些的话更是绝对不行。”

百田尚树如是点明了他写作《被称作海贼的男人》的动机。这部小说是基于日本现代史上的真实人物和事迹写成的。百田认为，在日本泡沫经济崩溃后，日本国民也逐步丧失了自信心，而 2011 年的东日本大地震又给日本人的自信心带来毁灭性的打击，这样下去，日本哪里还有希望？为了让大家振作起来，百田找到了历史人物出光佐三，他认为这个从败战后一片焦土的日本，在石油方面杀出美英的层层包围的勇敢人物就是日本复兴的典型，应该成为现在日本人学习的最好榜样，应该加以发扬光大。

在战后很长的时期里，鼓吹日本民族主义的人通常被称为“保守原理派”。日本媒体人田原总一朗总结日本“保守原理派”的主张有 4

条，即修改日本宪法、参拜靖国神社、持有核武器和脱离对美国的从属，其宗旨就是否定东京裁判。对照百田尚树否定南京大屠杀、否定东京裁判等言行，可以说他就是这一派的代表性人物。

成为“保守原理派”代表人物的道路也不平坦，百田原来是电视节目的脚本作家，2006 年才正式转身成为小说家。然而他的第一本小说《永远的 0》却招来了各方的批判。百田自己对此进行了归纳：

文学爱好者把这部小说当作轻小说而蔑视，右翼非常恼火这部小说批判了日本的军方高层，而左翼则批判这部小说赞美了战争，宫崎骏导演更是认为这部小说完全是一种捏造，具有自虐史观的人们则认定作者是网络右翼。也就是说，这部小说遭到了日本社会四面八方的集中炮火。

可见 2006 年以前，日本的“保守原理派”还不成气候，也不受大家的欢迎。当然，百田并没有感到憋屈，文学上被集中炮火攻击并不是一件坏事，而是一种吸引大家关注的绝好办法之一，是一种绝好的营销。从事媒体工作多年的百田深谙此道，因此，百田接二连三地发出过激的言论，刺激日本社会的神经。这种营销获得了巨大成功，使得百田在短短的几年时间内成为日本畅销书作家。营销的成功引发更大的欲望，使得百田产生了问鼎畅销书榜首的欲望。他踌躇满志地推出本书，立志问鼎畅销书榜首。百田为此也呕心沥血，在创作途中几次被救护车送到医院急救。然而，同一年出版的村上春树的新作，让百田问鼎畅销书榜首的梦想变成了美梦。而百田也只能咬牙切齿地感叹：村上真是一个怪物。大有“既生百田，何生村上”之叹。

然而，继《永远的 0》之后，百田接二连三地推出的新书都非常畅销，而这部《被称作海贼的男人》还跻身畅销书榜前 10 强，这说明要么百田的笔力非凡，要么他的观点吸引力强。但是，如果是笔力非凡，那么文学爱好者应该更加关注，而如果是观点吸引人，那么应该有更多人关注。

【读者反响】

一位30多岁名叫“Taka”的读者在他的博客中写道：

本书出版的时间非常微妙。在这几年与中国、韩国因为领土方面的纠纷而关系不断恶化，而“日本”意识逐渐增强的时期，歌颂“为日本鞠躬尽瘁的伟人”的小说多少都带有民族主义色彩，但是认为本书也具有那种民族主义色彩应该是不正确的。读过本书就会知道，本书之所以赞美主人公国冈铁造，并不是因为他成功地成为日本著名的石油公司创始者，而是因为他一以贯之的以人为本的经营理念。国冈是不是日本人，是不是成功的企业家，这些都不是本质的东西，其真正的本质是把公司成员当作自己的家族成员，相信他们，不是利字当头，而是为了国家、为了消费者而努力工作的精神。

日本好像具有这样的特长：要么因为在战争中日本人做尽了坏事而过度自责，要么反感这种自责而提倡不要忘记日本人的自信从而走向民族主义。其他国家大概也会发生这样的事，但日本太容易从一个极端走向另一个极端。有可能因为日本是一个岛国，导致他们并不善于客观地认识日本这个国家。但是，如果把本书作为鼓吹“以前有过如此伟大的日本”那样的“日本万岁”的思想道具是十分不妥当的，国冈铁造并不是用这样的观点塑造出来的人物。

读完本书，看到国冈铁造从没有外交关系的伊朗进口石油，在冷战时期从苏联进口石油等举动，完全可以感受到他为国为民的坚强意志。如果读者想学习国冈铁造，那么他一定也会考虑“为了周围的人，我应该做些什么呢？”等问题。“国家”这样的围墙篱笆早已变得很低，我们甚至不应该只考虑自己的国家，而应该舍弃私欲，多想想世界将会走向何方。这才是国冈铁造所要告诉我们的道理。

读者“Taka”竭力在塑造日本只是一个普通国家的形象。但是，他希望本书不要成为民族主义的道具这点，似乎并不是作者百田尚树的原来目的，正如读者“maidosan”所指出：“作者通过本书主人公向读者传递的应该是日本人只有保持自负和自信，才能建设比现在还要美好的国家。”

很多读者被小说的主人公以人为本的执着追求的一生所感动，他们不仅扪心自问，像这样有风骨的日本人现在到底还有多少？本书主人公出场的时候正值60岁，而现代日本社会的退休年龄也是60岁，虽然生活比以前富裕了，但由于年金的入不敷出，大家要等到65岁才能拿到全额的年金，所以60岁对日本人来说还是个充满不安的年龄。然而本书主人公在60岁时，不仅失去了巨额资产，而且还要担负近1000人的生活，这样敢于承担的人难道不是现在日本所需要的吗？在非常迷茫的现代日本，大家都渴求强有力的领导人。

虽然有这样的意见，但并不见得所有日本人都喜欢这部小说。

对本书不满的读者认为，本书主人公的原型出光佐三的人生故事已经足够绚丽多彩，作者根本没有为之增添光彩。而除了主人公之外的店员基本上都没有得到很好的交代，看不到他们的人格，而敌对方的人竟然都是意志薄弱的人，这样的描写使得本书还是缺乏深度。虽然会被主人公的事迹所感动，但读完之后觉得并不值得把本书留在身边。这也是众口难调，虽然是销售超过百万册的畅销书，也不能让所有的读者都感到满意。不过这些读者也是非常敬佩出光佐三这位男子汉的，他们更愿意读到比现实精彩的故事。

在众多的读者反响中，有一位网名叫作“大和王者”的读者写下了这样的留言：

我非常想见一见小说主人公的原型人物已故的出光佐三先生，就现在日本很热的话题做一些讨教，比如核电站问题、集体自卫权的行使问题等。会不会看起来非常鹰派的出光其实出人意料地是一个和平主义者呢？

不知道对读者这样的反应，本书作者百田会不会觉得非常惊讶？

| 第七章 |

要长寿揉揉小腿肚

第一节　见证日本之 2014：半喜半忧

安倍靠“税”出位

2014 年日本的年度汉字是“税”，很能说明这一年的问题。

正如日本安倍首相指出的那样，日本将紧紧跟随美国，建立与以往完全不同的美日同盟。为此，安倍在这一年里扎扎实实地迈出了关键性的步伐。

2014 年，新年伊始，安倍内阁设立了日本国家安全保障局，由安倍的最高外交顾问、日本外务省前事务次官谷内正太郎担任局长。日本国家安全保障局负责统筹日本外交、安保政策等事务，事务人员分别由日本外务省、防卫省选派。

4 月，安倍内阁通过“防卫装备转移三原则”，大幅放宽日本对外输出武器的条件。1967 年颁布实施的“武器出口三原则”，禁止日本向部分国家出口武器，而 1976 年，时任首相三木武夫更是对上述原则进行增补，全面禁止日本武器出口。

7月，日本内阁召开临时会议，通过了修改宪法的解释、解禁集体自卫权的内阁决议案。但是，并不是意味着日本自卫队可以马上行使集体自卫权，日本政府还需要对其他相关法律进行修改。决议案的通过是安倍实现其愿望的一大步。

日本《读卖新闻》指出：安倍首相明知日本国内会有很大的批判压力，但他还是继续为改变对宪法的解释做准备。针对安倍决意要违反宪法的行为，日本国民掀起了大规模抗议运动。但是，现在数万人的集会与安倍外祖父岸内阁时期动辄上百万人的安保斗争集会规模还是无法相比。因此，当前日本国民的集会游行给安倍首相造成的压力并没有想象中的那样大。

面对日本国民对修宪的不满，安倍只能以另外的手段讨好民众。

4月，日本的消费税率从5%提高到8%，日本整体经济因为消费税率提高而有所萎缩，政府的景气基调判断也在1年零5个月之后首次进行下调。“安倍经济学”带来的鸡血效应开始退潮。为此日本银行积极应对，11月，日本银行发表了“超级量化宽松政策”。此次发表的“超级量化宽松政策”以“3”为特征，即增加30万亿日元的货币发行量来购买国债，使日本银行每年购买国债的总额达到80万亿日元，而且国债的平均存放时间也将延长3年。同时，日本银行还对交易型开放式指数基金（ETF）的持有量和不动产投资信托（J-REIT）的持有量分别增加了3倍，分别达到3万亿日元和900亿日元。日本银行黑田东彦总裁在记者会上说：“为了能让日本经济摆脱通货紧缩，实现物价提高2%的目标，央行只要能做的什么都会做。”但是，日本银行在讨论通过这次决策时，只以1票之差获得通过，显示即便是在日本银行内部，对黑田总裁主导的金融政策也有很多的质疑。

果不其然，下半年公布的各种统计数据都显示了日本GDP增长出现下滑、景气判断指数恶化、消费支出减少。由于害怕提高消费税率会影响“安倍经济学”的“鸡血效应”，让逐渐复苏的日本经济再次夭折，安倍首相宣布把“消费税率提高到10%”的实施时间，由原定的

2017 年 4 月 1 日往后延期 1 年半。同时，他还宣布解散国会，举行大选。安倍抓住时机，在“安倍经济学”的效应还没有全面退潮的时候，利用不提高消费税率给选民留下好感。结果，在在野党还没有做好充分准备的时候，执政的自民党和公明党在大选中获得重大胜利，两党获得了 325 个席位，超过了众议院议席的 3/2。

根据日本《宪法》规定，要修改日本《宪法》必须分别获得参众两院 2/3 以上的支持，才能提出让国民投票最终决定。因此，这次胜选使得安倍获得了修改宪法的一张门票。

有人欢喜有人愁

在 2014 年 10 月举行的冲绳县知事选举中，反对把美军基地搬迁到冲绳边野古的翁长雄志击败了支持这次搬迁的前知事仲井真弘多，当选为冲绳县新知事。第二次世界大战之后，美国占领了日本，直到 1972 年才把冲绳的施政权还给日本，但是依然保留了美国在远东最大的军事规模。日本和美国以“中国威胁”为理由坚持驻军冲绳，但对冲绳人来说，中国来的观光客反而给他们带来了实际的经济利益，美军基地的存在无疑会妨碍冲绳经济的发展。2013 年冲绳旅游业收入已经达到 4500 亿日元，并设定了旅游业收入达 1 万亿日元的目标。新任的翁长知事毫不客气地指出：美军基地已经成为冲绳经济发展的最大阻碍要素。日本本土一点都不愿意与冲绳县分担美国驻军基地的需求，对美军基地高度集中在冲绳的现象漠不关心。因此，翁长当选冲绳知事后，就开始缩小美军基地的斗争。因为翁长知事坚决的态度，甚至有日本右翼出来诘问翁长的最终目标是否为促使冲绳独立。

近年来日元对美元的汇率一直下降，2014 年的汇率更是下降到 1 美元兑换 120 日元的水平。但是，意料之外的日元贬值却让日本丰田汽车受益匪浅。其年度营业利润达到了 2.3 万亿日元，超过了 2008 年日本企业利润的最高纪录。同时，丰田汽车在全球的汽车销售量首次突破1000万辆，也创造了世界汽车工业的新纪录。

但是，几家欢喜几家愁，也是日本代表企业的索尼公司处境却截然相反，其年度亏损达到2300亿日元，从1958年上市以来，索尼公司第一次不向股民分派红利。日元的贬值也给依靠进口的日本企业带来了负面影响，一直采用美国进口牛肉的牛肉盖浇饭的代表企业吉野家不得不在12月宣布提高牛肉饭的价格。同时，日本的贸易赤字也在继续扩大。

另一家具有历史意义的日本大荣超市也将在2018年彻底消失，大荣已经被日本最大的零售集团永旺公司收购。在永旺集团的结构调整中，大荣超市的品牌已经失去了继续保留的价值。

另外，日本人口年龄结构的变化也开始在企业界显现出来。由于少子化现象以及人口老龄化愈发严重，日本的15—64岁的青壮年人口比例将严重下降。日本最大的校外补习学校代代木预备校宣布关闭27家分校中的20家，全面收缩其考前辅导业务。

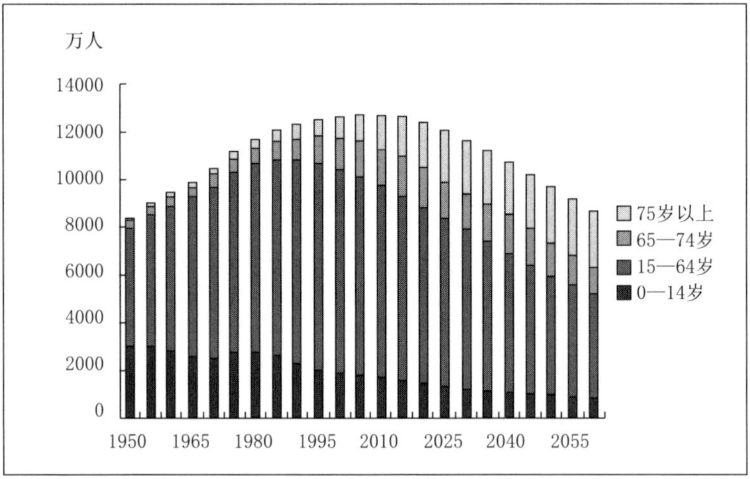

图7　日本人口老龄化推移

资料来源：日本内阁府

日本科技走向世界

2014 年，开发蓝色 LED 的三位日本科学家获得了本年度的诺贝尔物理学奖，而在诱导多能干细胞研究领域，日本科学家也取得了重大进展。9 月，日本理化学研究所的高桥政代等成功制作移植用诱导多能干细胞（iPS 细胞），日本神户市先端医疗中心医院眼科部长栗本康夫操刀实施了世界上首例诱导多能干细胞移植手术。在国际医学界的重视下，这次手术让日本科学家再次获得了该领域的领跑地位。

但是，在另一个医学领域里，日本学者小保方晴子于 2014 年 1 月宣称发现“万能细胞”，而日本理化学研究所经调查发现小保方晴子的论文数据存在篡改、捏造等造假问题，要求小保方撤回研究论文，并最终宣布“万能细胞”的制作没有成功。毫无疑问，如果“万能细胞”的研究获得成功的话，那么将在再生医疗方面取得革命性突破。虽然没有真正实现“万能细胞”，但是这些都显示了日本科学界的研究底蕴。另外，日本政府认可了从东京到名古屋的磁悬浮项目的开工，这也是日本科学技术力量的一种展现。

看一组日本 2014 年的数据：日本 2014 年住宅建设开工率比上一年减少了 9%，这是最近 5 年来的首次减少。而汽车的新车销售增长率为 3.5%，已经实现了连续 3 年的增长。日本百货商店的销售额也是连续 3 年增长，而超市的销售额则是继续了连续 18 年的负增长趋势。在劳动和雇佣方面，已经连续 4 年有所改善，2014 年的年平均失业率为 3.6%，12 月的失业人数是 210 万人，比上一年减少了 15 万人。

第二节　社会思想的整体移轴：人口决定社会盛衰

如何维持1亿人口

日本政府在2014年6月决定：必须采取措施以保证50年后日本人口能够不低于1亿人。根据世界银行的统计，2014年日本的人口有1.27亿。日本政府为什么要出台政策来维持人口呢？

日本的人口在2005年首次出现下降，曾经引起日本社会的过度悲观。但在其后的2006年和2007年都出现了微小的增幅，虽然2008年又再次出现减少的情况，但是到2010年日本人口基本上维持在1.28亿的水平上。这段时期日本被称为“人口静止社会”。经过这一段人口静止时期后，从2011年开始，日本正式进入了人口逐年减少的阶段。这一年也被称为“日本人口减少元年”。从2010年到2016年，日本人口减少了近100万人。根据日本国立社会保障和人口问题研究所的推测，50年后日本的人口可能会降到8700万左右，这和第二次世界大战结束后的日本人口相同。但是，这个人口的减少不是每年缓慢地递减，由于日本“团块世代”的人口很多，当他们逐渐离世时，就会引起日本人口断崖式的急剧减少。

虽然日本民众已经多少有点心理准备，但这个推测还是引起了日本社会的动摇。同时，这也意味着要实现日本政府制订的人口目标非常困难。

如果日本人口出现急剧减少，超老龄化的趋势又无法扭转的话，将会给日本社会带来经济规模缩小以及一系列的负面影响。同时，日本企业也将面临新的局面，从习惯于人口增加、市场扩大、生产扩大，到更加激烈的市场竞争，日本企业的淘汰率也将更加残酷。这样的前景更会让日本企业放不开手脚，不敢加强投资而逐步失去他们在世界市场上的竞争力。为了避免出现这样的情况，日本政府认为如何阻止人口减少才是首要工作。因此，日本政府希望通过教育、社会保障、产业振兴、税制等各方面进行制度和系统方面的改革，来促进年轻人结婚生子，扭转人口减少的趋势。但是，日本政府在危机感的驱动之下，虽然作出这样的政策决定，但其实内容仍旧比较空泛，缺乏具体的措施。

要实现日本政府提出的人口目标，其关键点在出生率。出生率是指一个女性一生中会生几个孩子的统计数。2013 年，日本的出生率是 1.43，如果到 2030 年，日本的人口要维持在 1 亿左右，那么就需要把日本的出生率提高到 2.07。从目前的状况来看，日本已经过了人口高峰期。1947—1949 年出生人口数量最多的“团块世代”的下一代人口也比较多，自然也带来了一次生育的高潮，但是这一代人已经超过 40 岁，很难再创造新一波的生育高潮。

根据日本厚生劳动省公布的 2010 年生育动向基本调查，被调查的日本家庭理想的平均孩子人数为 2.42 人，而计划出生的人数为 2.07 人，但是，实际出生的只有 1.96 人。调查显示了日本人口增加的可能性，但同时也显示了理想和现实的差距非常大。

根据目前日本的现实情况，日本人口的减少不可避免。而现在的日本年轻人趋向晚婚，甚至不结婚，这和他们所面临的经济条件及社会环境有密切关系。长期以来，日本社会形成了丈夫在外面工作赚钱，而妻子在家里打理家庭、养育孩子的社会习惯。但是，由于长期的经济低迷，日本人的平均收入有所下降，只靠丈夫一个人的收入已经很难满足家庭的生活需求，很多家庭妇女也纷纷重新走出家庭，参加各类工作。经济条件和工作条件都迫使现在的日本女性不愿意多生孩子。

因此，日本政府若想要提高日本的出生率，就应该从经济问题着手去找对策。

实际上，在生育方面日本政府所动用的支出只占日本整体 GDP 的 1.4%，而德国是 2%，法国是 3.2%，瑞典是 3.8%，经济合作与发展组织（OECD）的 35 个市场经济国家的平均占比是 2.3%。可以看出日本在这方面的支出是比较低的，而那些先进国家的人口都还在增长。但同时，日本在老年人方面的支出则超过了日本 GDP 的 10%。那么，是否有可能把对老年人的支出减少一部分，转移到生育方面来呢？实际上是不太可能的，因为现在日本的老龄化率已经超过 25%，每 4 个日本人中就有一个是老年人，日本的社保费用已经开始出现捉襟见肘的现象，政府必须寻找新的财政来源，才能解决生育方面的经济问题。但是，这对已经超规模发行国债的日本政府来说并不是一件容易的事。

为了保证社会福利的财源，日本政府通过了提高消费税的法律。但是，为了让“安倍经济学”能够软着陆。安倍首相在 2015 年宣布推迟提高消费税，让社会福利失去了很大一部分的财源保证。安倍首相曾经在《文艺春秋》杂志的采访中说过：“每生一个孩子就奖励 1000 万日元，这就是解决少子化问题的好办法。”有人计算出，每年增加 50 万婴儿只需要 5 万亿日元，在预算方面应该不成问题。虽然如此，安倍政府并没有着手落实这个想法。

其实，日本还有一个值得考虑的方法，就是放松日本的移民政策，既能吸引外国人才，又能增加人口，一举两得。2014 年，日本政府曾经专门讨论过这个问题，根据日本政府的资料，如果从 2015 年开始，每年接受 20 万外国移民进入日本，再加上日本的出生率达到 2.07 的话，那么到 2060 年，日本人口就能维持在 1 亿以上。

但是，担心因为接受移民而让原来的日本人变成少数民族的意见在日本很有市场。日本独立综合研究所代表青山繁晴提出这个看法后，收到了很多日本国民的邮件支持。因此，接受移民的办法在目前还完全不能成为一个让日本认真考虑的问题。

草食男

草食男这个新词一经产生，就获得了日本民众的认可，并且在2009年获得日本流行语大奖前十名。不过，这个新词其实是在一种误解的情况下流行的。

2006年，日本专栏作家深泽真纪最早提出“草食男”这个新名词的时候，是指那些在性爱方面不是特别积极，但是却非常爱护包括男女朋友在内的朋友关系的日本年轻人，是一种对年轻人的赞美之词。不过，这种说法与大自然中的草食动物的习性南辕北辙，因为在大自然中，草食动物往往是肉食动物的食物，为了保持物种的延续，草食动物往往更需要繁殖，也就是说草食动物对性行为更加积极。这就与日本人所说的草食男对性行为消极的印象截然相反。然而，日本人看到的似乎是草食动物攻击性比较弱的特征，这与有点死气沉沉的，对什么也不感兴趣的现代日本青年非常相似。结果，草食男就成为那些对结婚生育不感兴趣的日本青年的代名词而流行起来。

也可以说，草食男一词的流行是日本社会对持续下降的生育率产生焦虑的一种表现。

随着草食男一词的流行，很多日本年轻人也自认是“草食男”。据日本婚介与学生升学服务公司recruit-mp的调查，20—30岁的日本青年中，至少有一半认为自己属于草食男，而他们基本上都没有恋爱经验。不过，这还不是问题的关键，关键是日本青年大多数认为恋爱和结婚不需要放在一起考虑。日本性教育协会2005年的调查显示，持有“虽然有喜爱的人，但是没有必要早结婚”的想法的男大学生超过了80%，而女大学生更是超过了90%。这也意味着“想早点结婚”的日本青年是极少数派。不言而喻，积极生育的日本年轻人就更少了。除了调查统计的资料外，医学上也有关于“草食男的雄性激素分泌量低下”的报告[①]。

根据日本网民的分析，“草食男”具有以下特征：虽然也谈恋爱，但是并不主动追求自己喜爱的对象；避免与他人竞争，也避免与他人争吵；不想出人头地，满足于现状，不愿拼命奋斗；不否定他人的意见，待人接物具有亲和力；由于对女性不熟悉，约会时往往会按照参考书照本宣科，让人乏味；喜欢穿横条衫，因为认为横条有和谐的含义，所以无意识中选择了横条衫。

正是这样一片祥和的青年画像，让日本社会出现了巨大的焦虑。甚至连美国前国务卿鲍威尔也警告日本：“现在的日本应该没有达到让日本青年成为草食男的宽裕程度，日本必须让年轻人坚强起来。”如何阻止草食男的蔓延成了日本社会所关心的事项之一。

阻止草食男的蔓延需要对症下药。日本保守评论家古谷经衡指出：“所谓的草食男概念，实际上是日本社会为了逃避对年轻人贫困问题所负的责任而提出来的，是社会不去反思青年贫困化的问题，而把责任归结到年轻人身上的一种表现。”古谷认为，这些问题都出自经济问题，日本长期的经济低迷、社会政策的失败，导致了日本年轻人无法实现他们的生活目标。他把草食男的蔓延归罪于政府的失策。的确，结婚、生育都需要一定的经济基础，日本人的生育率低下与经济问题有密切的关联。不过，要让日本经济重现往日的荣光似乎已经成为一种奢侈，那么，这是否也意味着草食男的蔓延将无法阻止呢?

日本有一种营养饮料的广告很能说明问题。20 世纪 80 年代，这个饮料的广告词是：“24 小时，你能够一直战斗吗？”在泡沫经济的鼎盛时期，这个广告词让这种饮料成为畅销产品。不过，最近它的广告词变成了“三四个小时，你能战斗吗？”尽管这种饮料是根据人一天所需要的营养来配制的，但却只要求能够战斗三四个小时。这形象地显示了整个日本社会的无力状态。在这样的状态中，日本社会又要如

---

① 池岡清光：《草食系男子のホルモン動態》，《日本医事新報》4659 号（日本医事新報社），2013 年 8 月 10 日，32-36 頁。

何要求年轻人不做草食男呢?

但是，这个广告词的变化并不是随意拍脑袋做出的，而是有实际根据的。到 2000 年为止，有关“是否期待着与异性交往”的调查中，男性往往会领先女性 5 个百分点。从“男性更期待与女性交往”这一点可以说明男性更具有肉食性特征，也可以说是古往今来，在男女爱情方面往往是男性主动的一种表现。但是，从 2000 年以后，同样的调查则显示日本女性的主动性要高于男性，因此也出现了“肉食女”这样的说法。但值得注意的是，选择“期待与异性交往”的人数比例，无论男女都出现了大幅度的下滑，也就是说越来越多的日本青年男女对交往已经不再那么期待。换句话说，日本的青年男女都趋向草食化。

对此，日本社会上下都显得比较着急，急于找到其中的原因，进而找到解决问题的方向。但是，虽然已经有很多研究，例如从日本泡沫经济崩溃前后日本青年的精神状况方面进行探索，似乎能说明一些问题，但真正科学地证明这一现象的原因还非常困难。日本统计分析学者本川裕从营养和行动方面找到了一些统计数据，似乎能从另一个方面对日本青年“草食化”现象进行说明，见图 8。

从图 8 可见，1970 年以来的调查数据显示日本青年蛋白质摄取量的变化与他们对异性交往的期待变化有惊人的一致性。两者的相似性有可能完全是偶然，也有可能是受其他因素决定，但也有可能真的是这两种现象相互影响的结果。不过，要说 40 多年的数据完全是偶然碰到一起的似乎并不自然，而完全是其他因素决定的也比较勉强。那么，最有可能的还是这两种现象的相互影响，即蛋白质的摄取量与草食化进展关系最为密切。

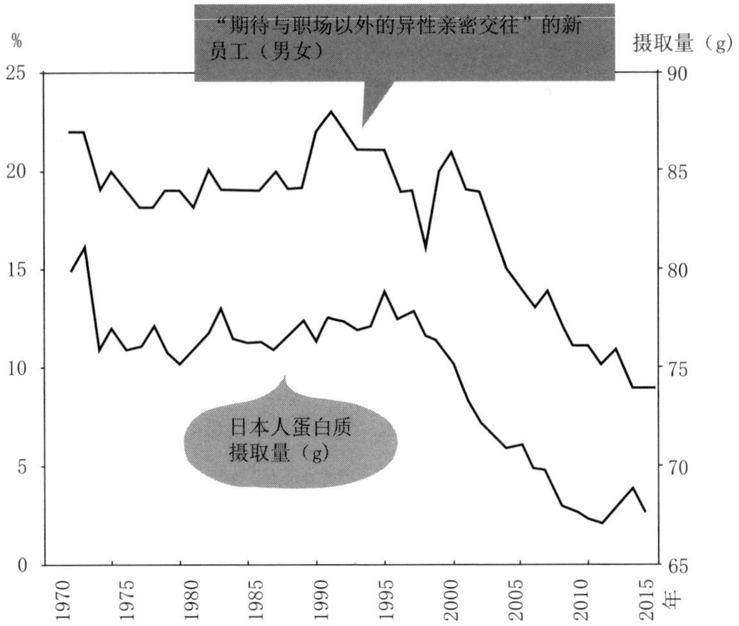

图 8　草食化行为模式与营养摄取的相关性

从 1970 年以来，日本人平均能量（卡路里）摄取量减少了 15%，但在这一阶段，日本人的平均身高有所增加，按理说蛋白质的需求量也应该是增加的，但现实却是减少的。因此，他们摄入的能量很可能无法满足日常活动的需要。同时，2000 年以后，日本人对减肥、保健痴迷，也使得日本人蛋白质的摄取量出现大幅度减少，可能会给他们带来营养不良的后果，甚至会对生育带来不良影响。

如果这样的调查能够说明日本青年草食化现象的话，那么，如何给日本年轻人增加营养补给就不只是个人和家庭的问题了。

日本人的野心

草食男的盛行，让日本畅销书作家林真理子大为感叹，她以自己的奋斗并取得成功的经历为核心写了一本名为《只差一个野心》的书，想激发日本年轻人的激情。她提出只有具有“奢望”，人生才会得到改变。

但是，很多日本年轻人好像并不喜欢改变。他们不仅不像 1980 年以前那样向往着出国留学，而且连东京这样的大都市也对他们失去了吸引力。东京曾经是日本各地年轻人所向往的圣地，现在的年轻人对这些地方也失去了兴趣。甚至可以说日本人似乎失去了“野心”。

日本作家立花岳志分析了日本人失去野心的原因。他指出：“如果要有奢望，那么必须先要有奢望的目标，但是日本的现实是能够奢望的目标已经消失了。比如，志向成为著名歌手，但现实是 CD 已经卖不动了，畅销金曲也不畅销了；志向成为著名的相扑斗士，但现实是日本相扑界已经好多年没有出现日本人的横纲了；志向成为亿万富豪，但现实是这些叱咤一时的风云人物都会因为各种原因被捕入狱，或是远走他乡，没有几个能够威风凛凛。”

因此，与其说日本缺乏野心，不如说是日本缺乏创造野心的环境。在当下现实的环境之中，要怎样要求年轻人充满野心呢？

不过，日本社会学家古市宪寿却不认为日本人就这样失去了野心。古市认为现在的日本年轻人之所以不再向往东京、大阪等大都市，是因为在他们心目中物理性的“中央”正在消失，而“中央”的消失并不妨碍年轻人对时尚和先进的崇拜和追求，因为通信技术越来越发达，即便是身处乡村也依然能够享受到城市的时髦文化。各地的商业中心都大同小异，商品和服务也趋于雷同。即便在当地买不到期望的商品，发达的网购也可以满足大家的需求。在“中央”逐渐消失的情况下，已经没有必要要求大家用同一种方式来表达自己的野心。

“中央”的消失，说明了“野心”不再是某种特定的价值观之下的“野心”，每个人都可以用自己的价值观来表达各自的“野心”，每个人都可以在自我满足的前提下按照自己的意愿快乐地生活。但这些说法并不能说明日本当下草食男扩张的现象。

美国耶鲁大学教授罗伯特·席勒指出，把一半的资产藏在银行的日本人总会给人弱小的感觉。这就说明日本人缺乏野心，其实是因为经济的原因。所以席勒教授希望“安倍经济学”能让日本国民在经济方面变得更加积极，展示出他们的野心来。

但是，问题是日本年轻人似乎并不能理解这样的分析，他们很多人都是在泡沫经济崩溃后出生的，已经习惯于经济低迷、通货紧缩。对他们来说这是常态，而他们找不到去改变这些常态的理由。说日本人没有野心的都是年长一辈的日本人。正如立花岳志所指出的：“欣赏林真理子那本《只差一个野心》一书的人都是40岁以上的人。林真理子煞费苦心，可是却没有多少日本年轻人愿意听。”

但是，从国外回来的日本人往往会更有危机感，因为在海外的生活告诉他们没有野心、不会竞争，是无法成功的。因此，日本天使投资人原丈人就呼吁日本的年轻人有时间去寻找自我还不如到发展中国家去看看，在实际体验到不同的文化后，就会发现真正的自我。实际上，他们都承认在当下日本的环境里要求年轻人具备野心是不可能的，但是，如果他们能踏出国门，就会有新的发现、新的刺激。只有真正地去了解世界，他们才能野心勃勃。

问题是如何把那些不愿离开家乡的日本年轻人送上踏出国门的道路呢？现在还没有人提出什么高明的建议。

当年十大新闻

- 日本长野县御嶽山火山爆发，造成58人死亡，5人失踪
- 消费税率从5%提高到8%开始实施
- 日本科学家赤崎勇、天野浩和中村修二获得诺贝尔物理学奖
- 日本网球选手锦织圭获得美国网球公开赛男子单打亚军
- 自民党获得众议院全国大选的胜利，执政党获得国会超过三分之二的议席

- 由于豪雨影响，日本广岛市北部发生泥石流灾害，造成 77 人死亡
- 日本研究员小保方晴子关于“万能细胞”（STAP 细胞）论文数据造假问题被发现
- 索契冬奥会上日本选手获得 1 金 4 银 3 铜的优异成绩
- 18 世纪成立的日本第一家机械制丝厂“富冈制丝厂”被登录为世界文化遗产
- 日本著名演员高仓健去世

第三节 畅销书之 2014：盲信·英雄

2014				
排名	书名	作者	出版时间	出版社
1	長生きしたけりゃふくらはぎをもみなさい 《要长寿揉揉小腿肚》	鬼木豊 監修 / 槙孝子	2013 年 7 月	アスコム
2	忍耐の法 「常識」を逆転させるために 《忍耐之法》	大川隆法	2013 年 4 月	幸福の科学出版
3	人生はニャンとかなる！ 明日に幸福をまねく 68 の方法 《人生自有喵处！》	水野敬也、長沼直樹	2013 年 10 月	文響社
4	村上海賊の娘（上・下） 《村上海贼之女》（上、下）	和田竜	2013 年 10 月	新潮社
5	銀翼のイカロス 《银翼的伊卡洛斯》	池井戸潤	2014 年 7 月	ダイヤモンド社
6	新・人間革命　第 26 巻 《新人间革命》第 26 卷	池田大作	2013 年 11 月	聖教新聞社
7	学年ビリのギャルが 1 年で偏差値を 40 上げて慶應大学に現役合格した話 《这是用一年时间让学年倒数第一的女孩偏差值提高 40 直接考入庆应大学的故事》	坪田信貴	2013 年 12 月	KADOKAWA
8	まんがでわかる 7 つの習慣 まんがでわかる 7 つの習慣（2） 《看漫画理解 7 个习惯》 《看漫画理解 7 个习惯》2	小山鹿梨子 / Franklin Covey Japan 監修	2013 年 1 月 2014 年 7 月	宝島社
9	アナと雪の女王（ディズニーアニメ小説版） 《冰雪奇缘》小说版	美国迪士尼公司 / しぶやまさこ 译	2014 年 3 月	偕成社

续表

2014				
排名	书名	作者	出版时间	出版社
10	面倒だから、しよう 《因为麻烦所以去做》	渡边和子	2013 年 12 月	幻冬舍

资料来源：株式会社トーハン

夺得日本2014年畅销书榜首的是一本健康指南书：《要长寿揉揉小腿肚》。虽然没有医学理论来证明揉揉小腿肚就可以强身健体的科学性，但是，还是有很多读者宁可信其有。当人们一定要认定他们想要认定的东西的时候，实际上这个东西到底是怎样的已经不太重要了。这就是盲信。而盲信往往是人们感到空虚之后选择的信仰。日本的读者在这一年一股脑地选择了《要长寿揉揉小腿肚》，仿佛是对小腿肚的信仰。从另一个角度来看，也是在说明日本社会存在着一种虚脱的感觉。

有虚脱的感觉，就需要有人来安慰，需要找东西来充实。收集了很多名人名言、逸事的《人生自有喵处！》则完全满足了日本人的需求。那些名言、逸事都是从各种书籍里抄写而来的心灵鸡汤，本来并没有什么新意，但是，编辑们在书中加入了可爱的猫咪照片，效果就不同了。在那些让人放松、给人快乐的小猫照片后面加上一些名言、逸事，自然就可以安慰、充实日本人的心。

然而，这样的心灵鸡汤依然比较破碎，日本读者还需要更加完整清晰的激励。历史小说《村上海贼之女》为日本读者提供了一位可以代入自己感情的英雄——景。首先，她是女性，处于弱势地位；其次她是海贼，处于社会的边缘。完全没有优势的景在搏斗中成长，她需要与社会的偏见搏斗，需要与竞争对手搏斗，需要与当权者搏斗。日本读者希望在景的身上看到自己的身影，他们也希望能够为自己的生活做一番搏斗。想必景姑娘若能穿越到现代，登高一呼，大概会有很多日本国民响应。

在不知不觉之中，日本国民把自己放到了弱小者的位置上，只能通过盲信英雄的方式获得心灵上的安慰。

《要长寿揉揉小腿肚》

作者：槙孝子 鬼木丰
出版时间：2013 年 7 月

【出版解题】

本书销售超过 100 万册，但是作者的相关资料却非常少。日本 NHK 广播电台的《广播深夜班》曾经介绍过新潟县出生的作者槙孝子，他是大学毕业后才去针灸技术学校考到针灸师资格，之后又跟外科医生学习了小腿肚的按摩。但是，NHK 的介绍也基本上只是重复了本书所载的作者介绍内容。

2004 年，槙进入位于日本东京御茶水的“心身健康堂”工作，担任院长职务。这个“心身健康堂”并不是医院，而槙院长也没有医师资格。本书的监修者鬼木丰也没有医师资格。因此，正如很多日本读者指出的那样，本书并不是一本从医学角度来分析的健康类书籍。尽管如此，本书所提倡的每天花 5 分钟揉揉小腿肚对健康应该是有益无害的。

本书成为畅销书之后，日本《周刊文春》曾经多次要求采访槙院长，但一直被拒绝。因为《周刊文春》认为本书与槙院长 4 年前出版的《身子马上暖和起来》几乎一模一样，希望槙院长能够出来做一些说明和澄清。《周刊文春》发现这两本书之间只有两处的文字有所不同，但是本书并没有说明是在前书修改后，改变书名再出版。这在出版伦理上是说不过去的，除了槙院长不愿做回答之外，出版社也以负责人外出为由拒绝采访。

既然 4 年前的《身子马上暖和起来》和本书内容一模一样，为什么本书畅销而前一本书默默无闻呢？关键可能是电视节目的曝光。出版本书的 ASCOM 出版公司编辑长黑川精一指出，业内人士都以为读者大多数是从书店获得书的信息，但实际上他们更多的是从广告和营销推广中获得信息的。而本书的畅销与人气电视节目的推广也不无关系，在 SMAP 的中居正广主持的《中居正广致星期五的微笑》节目中，主持人用实证的方式介绍了揉揉小腿肚的有效性。在 2014 年 1 月该集节目播放后，当月本书的累计销售很快就超过了 60 万册。

【读者反响】

日本亚马逊网站最受欢迎的读者意见如下：

本书前面几页很详细地介绍了揉法，那是非常好的，但是后面的文章都没有提出什么科学根据，感觉并没有什么参考作用。这是一本可以在书店翻看后再购买的好书。

这种看法实际上代表了很多读者的看法，即本书只说了揉揉小腿肚带来的好处，其他的经验和体验都没有什么意思，甚至有捏造的可能性，所以都不值得一读。尽管如此，本书只要说明了揉揉小腿肚的好处那也就值得读一读了。

正是“一俊遮百丑”，读者只要知道一点点的有用之处就能够心满意足了。当然也有读者担心，如果认为揉揉小腿肚就能治百病的话，恐怕会耽误真正的治疗。

日本《周刊现代》前编辑长元木昌彦则代表了另一部分读者的意见。他指出：

揉揉小腿肚的健康法完全没有医学的根据，这完全是一本骗人的书。书中说如果小腿肚发出不健康的信号，应该是这样的：发热而硬，那就应该是高血压的信号；如果发冷而软，就应该是糖尿病的信号。小内亨院长指出，小腿肚发冷而软并不是原因而是结果，这本书里写的对各种病的治疗都是针对结果而不是针对原因。比如对肺癌患者按摩疼痛的背部就是这样的典型，虽然能暂缓背痛，但那是治不好肺癌的。

这本书竟然也能卖出百万册，元木非常感叹。他认为这种告诉大家可以简单地获得健康的书籍成为畅销书，正说明日本现在出现了很多人不想通过痛苦的训练来减肥，不想通过艰苦的运动来保持健康，结果只能产生一种盲信。而日本民众的这种盲信和妄称解禁集体自卫权就能保证日本安全的安倍首相是十分相似的。

《人生自有喵处！》

作者：水野敬也 长沼直树
出版时间：2013 年 10 月

【出版解题】

显然猫是不会说什么名言的，而在日本关于名人名言的书籍又太多了。因此，本书编辑独辟蹊径，让猫和名人名言相结合，一下子就抓住了一直在拼命生活的日本读者。

白色的封面上突出的是猫的照片，手写体的“人生自有喵处！”是书名。就凭这些要素就已经能吸引日本读者的眼球了。在日本喜爱猫的人实在太多了，很多日本人不分男女老幼都成了本书的读者，出版后 4 个月，本书的销量已经超过 64 万册。

本书是水野敬也策划编辑的用动物照片附上名人名言的激励人生系列第二本。前作使用狗为主题，很受日本读者的欢迎，畅销了 50 多万册。

本书的出版社文响社的编辑芳贺爱对读者透露了本书策划的起因：本书作者之一的水野，也就是此前畅销书《梦象成真》的作者，他有一个习惯，就是喜欢把一些人生警句抄写下来，贴在房间里。他房间的墙上贴满了名言警句，但是，他还要经常把这些警句收起来，因为朋友来访时他会觉得不好意思。如果把这些警句附在有趣的图片上，不就能堂堂正正地挂出来了吗？于是，把各类警句和可爱的猫狗照片放在一起的本书系列就被策划出来了。

本书有 68 张猫的照片和 272 个名人名言、逸事。内容由三部分构成：一页印有可爱的猫咪照片，搭配相应的警句，背面是与之相关的名人逸事及 3 句相关名言。每页都有易撕的虚线压印，读者可以把自己喜欢的撕下来，贴在墙上或者送给同事、朋友，但实际上买书的人很少这样做。尽管如此，出版社对这个虚线压印非常重视，出版社的社长山本周嗣特别指出："其实这个虚线压印难度很大。既要多花钱，增印时的出货期还会因此延长。我们也十分注重书页是否好撕，不夸张地说，我自己就试着撕了几万张。"可见，畅销书也是在很多细节基础上诞生的。

【读者反响】

猫自由奔放的姿态惹人喜爱，而本书把猫和名人名言结合起来，更让日本读者欲罢不能。一位读者在 BookLive 的读书栏里这样留言：

不用再说什么了，总之就是最棒的。我一直把这本书放在包里。真的，想把这本书送给那些过度辛劳的人。告诉他们可以放下假面，真实地生活啊。

日本曾经有一个笑话，说有一位丈夫从来没有见过妻子卸妆后的容颜。说明日本社会快节奏的生活，让很多人不得不戴上假面，把真实的自我隐藏起来。当他们读本书时，就会不由自主地产生一种解脱感。有读者这样说："在人生感到疲倦时拿起这本书，看到猫能够那样顽强地活着，一股活力就油然而生。这是一本给心灵补充维生素的书。"

日本亚马逊网站上有位读者留言：

书有各种各样。有的书读一遍就够了，有的需要读几遍。有的书可以给我们知识，而这本书可以让人远眺，名言可以给我们带来勇气，而猫的照片也会给我们带来安逸的心情。把这本书放到书架里很容易就会忘记它的存在，但不时地翻看，就有不同的体会。

当然，很多读者也都有所感悟。另一位读者这样留言：

我所烦恼的事情恐怕其他人也早已烦恼过了，所以才有这样的名言。名人名言都是他人苦恼过后带来的成果，还需要我们自己有充分的认识。“被人小看那是恰恰正好”的态度是我本来没有的想法，但读过之后觉得非常受用。

《村上海贼之女》

作者：和田龙
出版时间：2013 年 10 月

【出版解题】

日本历史上最大的英雄织田信长的最强敌手，不是豪强的武田信玄，也不是当时的将军足利义昭，而是统领日本全国净土宗的寺院石山本愿寺。织田和本愿寺搏斗了10多年才彻底击败对手。这就是日本历史上著名的“石山合战”。本书就是掇取这段历史而演绎出来的故事。石山本愿寺最后被织田彻底摧毁，现在已经无从确认当时的雄姿。后来统一日本的丰臣秀吉在石山本愿寺的废墟上建起了日本三大名城之首的大阪城，或许还能让人联想起石山本愿寺的雄风。

不过，本书的主人公并不是织田等著名的日本战国英雄，而是盘踞在濑户内海之上的海贼王的女儿景。在织田信长势如破竹地统一日本的形势下，海贼也逐步失去生存的空间。为了追求最后的活动舞台，景奋不顾身地投入到“石山合战”之中。

本书作者和田龙是一位写作日本历史小说的新星。因为母亲喜欢坂本龙马，所以从中摘了一个“龙”字做了他的名字。而和田从小也对历史感兴趣，尤其是喜欢濑户内海的海盗。从早稻田大学毕业之后，先后从事编剧和记者的工作，最后选择专门从事以历史为题材的文学创作。

他在第一本历史小说《无用男之城》里描写了一位智仁勇都不具备但又威武不屈的战国武将，展示了和田独特的英雄观。而本书中的景也是和田英雄观的另一个表现。

从一开始，和田就想描写一个日本战国时期的女英雄，在他的想象中，一位坐在船头奋勇作战的姑娘将成为小说的主人公。可是现实中海贼王的家谱并没有亲生女儿的记录。日本松山大学的山内让教授在野史《荻藩谱录》中为和田找到了线索，从而让和田的小说创作得以继续下去。为了查阅相关资料，和田就用了1年的时间，而完全完成本书和田用了4年。

从2011年开始，这部小说分91次在日本《周刊新潮》上连载，到 2013 年汇集成书后由新潮社出版。本书为作者和田获得第 35 届吉川英治新人奖之后，又于 2014 年 4 月获得日本书店大奖。

【读者反响】

很多日本的历史小说迷们被这部小说所迷倒。一位读者拍案惊奇地说："真是太痛快了。很久没有读到这样的小说了。读完之后让人四顾茫然。了不起的作品，了不起的作者。"

这部小说上下卷一共有近 1000 页之长，而最后的 250 页描写的"木津川海战"是最为精彩的地方。前面的 750 页左右的故事实际上是在为这最后的海战做的长长的铺垫。

很多读者把自己的感情移植到小说的主人公身上，为他们欢笑，为他们哭泣。一位读者在日本亚马逊网站这样留言：

读完之后觉得这部小说和宫崎骏的动画非常相似。故事是织田信长准备统一日本的战国时代。主人公是朝气勃勃、勇敢善战的海盗之女景姑娘，围绕在她周边的是胡子拉碴的男人们。那样的姑娘看到了残酷战争的现实，经历了九地之下的失意和九天之上的快乐而不断地成长。历史小说虽然非常凝重，也没有什么色情描写，但是非常引人入胜，不由得为故事里的人物捏出一把汗来。

笔名"金丸信"的读者在留言中引用了小说的最后一章，指出了本书的意义：

参加木津川海战的每一方都在为自己家族的存活而战斗，但是，最后谁也没有达到目的。作为海盗的能岛村上家被消灭，杂贺党解体，大阪本愿寺被烧成灰烬，连大名毛利家族也被从领主地位上拉了下来。而武士们也被迫离开自己的家园，真锅海盗也做不成海盗了。

这些人后来的经历令人哑然无语。有些人在失意中度过余生，有些人却能左右逢源，有些人子承父业，有些人到处漂泊。他们只有接受自己的命运，度过自己的一生。虽然最后的结局各不相同，但是，他们都按照自己的意愿活着，然后死去。景姑娘也是其中的一个人。

故事的主题就是为家族而战。但是这样的战斗又有多大意义呢？

| 第八章 |

火花

第一节　见证日本之 2015：安字收尾

“安”倍、“安”保，还是“安”心？

2015 年日本票选出的年度汉字是“安”。安倍的“新安保法案”获得通过，而世界各地的恐怖事件频发也使得民众“不安”。“安”字成为今年的年度汉字，也表明了日本民众祈求“安心”的愿望。

在第二次世界大战结束 70 周年之际，日本明仁天皇在 2015 年的新年讲话中指出：“日本应该好好学习以 1931 年‘九一八事件’为开端的战争历史，并思考今后日本应有的样子。”但是把天皇奉若神明的日本右翼似乎没有听到天皇的呼声，安倍首相在他的“战后 70 周年谈话”中，对此只字不提，反而让集体自卫权再次成为日本社会的一个热点。

“集体自卫权”一词获得了 2014 年的日本流行语大奖。但是根据联合举办日本流行语大奖的自由国民社的说法，这个词并不是新词，早在 30 年前，自由国民社编辑出版的《现代用语的基础知识》里就已经收录了这个词，并且按照现行的日本宪法，指出“集体自卫权”是违反日本宪法的。但是，安倍政权却突然改变了日本宪法解释，让日本可以拥有海外出兵战斗的权利。这当然成了日本全国所关心的大事。2015 年，安倍继续考验日本国民的日语能力，在国会中强行通过了“新安保法案”，从而能在现行的宪法框架下，把违宪的集体自卫权变成了日本的新法律。

安倍政权强行通过集体自卫权的相关法律，日本舆论对此大多持批判态度，安倍内阁的支持率也急剧下降。为了挽救内阁的支持率，安倍在强行通过安保法律后的第二天，突然宣布全面放弃由英国女建筑师扎哈·哈迪德所设计的 2020 年东京奥运会主会场方案。由于建设费用大幅超过原定的预算，这个问题被炒作后，哈迪德的设计案遭到了很多日本民众的反对。虽然日本单方面撕毁合同可能需要面临巨额赔款，但是安倍首相还是希望利用废除国民不支持的奥运会主场馆设计方案来重新赢得选民的支持。在此以前，日本政府曾经以建设工期等理由坚决地拒绝了对哈迪德设计案的修改。安倍再次使出了“翻手为云，覆手为雨”之计，其目的显而易见。

无独有偶，就在安倍宣布废除哈迪德设计案后一个星期，东京奥运会组委会隆重地公布了 2020 年东京奥运会会徽。然而好事多磨，因为会徽有抄袭的嫌疑而让组委会遇上了更大的麻烦。一开始也非常强硬的组委会在半个月后不得不宣布撤回决定，重新征集奥运会会徽的设计方案。

日元贬值带来的“爆买”

2015 年 4 月，进入牛市的日本的股市再次攀高，日经平均股价时隔 15 年再次超过 2 万日元。但是，日本实质 GDP 的增长率只有 0.5%，占 GDP 很大部分的个人消费依然低迷，加上新兴国家的发展减速导致日本出口额大幅下降。“安倍经济学”的鸡血效应正在褪色。不过，异常的日元贬值却带来了大量的外国游客，给日本经济带来了一定的刺激。

2014 年，中国举行 APEC 会议，安倍利用此次机会与习近平主席举行了首脑会谈。这次会谈之后，中国到日本的旅游人数急剧增加。同年，日本政府曾经谨慎地设置了到 2020 年争取有 2000 万的外国游客访问日本的目标，而实际上这个目标在 2015 年就基本实现了。2015 年，进入日本的外国人差不多达到了 2000 万人次，比上一年增加了 47%。而更为重要的是外国人的消费额比上一年增加了 71%，超过了 3 万亿日元，相当于日本政府年度预算额的 3%。“爆买”成为 2015 年日本最热的流行语，购物最多的中国人的贡献度高，也被日本的媒体注意到了。

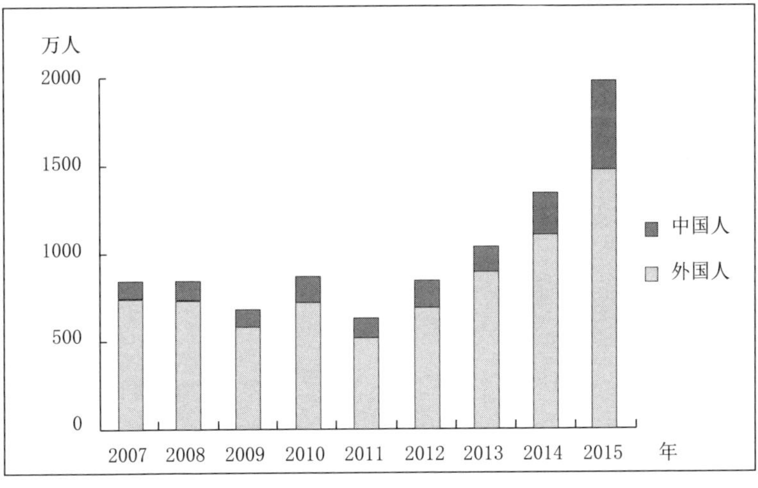

图 9　访日外国人数量推移

资料来源：日本政府观光局

在美国的压力之下，韩国不得不调整对日政策，在 2015 年末，日本和韩国就两国之间最大的历史问题慰安妇问题达成了最终解决的协议。日本媒体一直诟病韩国朴槿惠总统到处拿慰安妇说事，称之为“诉说的外交”。没有想到，安倍首相现在也到什么地方都要诉说“南海问题”，完全接过朴总统的大旗。安倍政权认为只要他树立中国为“假想敌”，就会赢得选票，所以在这方面不遗余力。当然安倍也就不会让日本参加由中国倡导的亚洲基础设施投资银行（亚投行）。也有人认为日本是紧跟了美国对亚投行的态度，但其实也有日本自身的考虑。美国同样也要求日本不要单独和俄罗斯谈合作，但安倍却不顾美国总统奥巴马的明确警告，一直在找机会拉近日本和俄罗斯的距离。因此，由于日本已经控制了亚洲开发银行，自然不会积极支持中国所提倡的亚投行。

10 月，美国、日本及其他 10 个泛太平洋国家就《跨太平洋伙伴关系协定》（TPP）达成一致，12 国将在 2016 年 2 月正式签署 TPP 协议。虽然日本政府和美国在外积极保持一致，但是在日本国内却因为美军基地问题，日本的中央政府和冲绳地方政府发生了激烈的对抗，冲绳知事翁长雄志反对美军基地在冲绳县内转来转去，并撤销了为美军基地填海造地的许可。安倍政府立刻强制执行填海许可，并且把翁长知事告上了法庭。

“歪楼”怎么能带来“安稳”

日本也出现了“楼歪歪”问题。3 月，日本媒体爆料日本东洋橡胶的建筑用防震橡胶并没有达到日本的国家标准，日本国土交通省要求东洋橡胶对使用该公司防震橡胶的建筑进行调查，结果发现该公司篡改了防震橡胶的性能数据。经调查发现该批不良产品已经建成了日本全国 55 处建筑，其中 15 栋为地方政府办公楼或医院等，东洋橡胶的社长不得不引咎辞职。

而此后不久，由于多根地桩没有按照设计要求打到坚固地层，日本横滨市的一幢大型公寓楼出现倾斜。经过调查，发现了该栋楼的 8 根桩子的相关数据都被篡改过。承包打桩的日本旭化成建材以及其子公司的社长出来赔礼道歉，承认在建设中报告了虚假数据。该栋楼的开发商三井不动产集团和入住的居民多次沟通，最终决定将相关公寓楼推倒重建，取得了居民的谅解。

2015 年 10 月，日本正式实行“个人号码制度”，向民众发行印有头像照片和 12 位数字号码的个人号码卡。日本政府宣传说，2016 年 1 月 1 日起，个人号码制度将与社保和税收结合在一起，不仅可以提高行政效率，也能提高居民的便利程度。

在这一年的体育比赛中，日本队获得了比较好的成绩，日本男子体操队时隔 37 年重新获得世锦赛团体冠军，而内村航平更是第六次蝉联个人全能冠军。以上届冠军身份出赛的日本女子足球队也表现不俗，获得了世界杯女足亚军。而在橄榄球世界杯比赛中，日本队破天荒地获得了 3 场胜利，赢得了全国性的关注。

蒙古籍出身的相扑选手白鹏在 2015 年新年后第一赛场上顺利地赢得冠军，成为日本相扑史上获得冠军次数最多的选手。白鹏的成功，也意味着外国人在日本传统项目中打破由日本人保持的纪录不再是禁忌。而此后的两个赛场上白鹏也连续获得优胜，将获得冠军的次数增加到 35 次。

11 月，日本国产的喷气式飞机 MRJ 试飞成功。2008 年，日本三菱重工业的子公司三菱航空机株式会社开始研制日本国产飞机 MRJ。截至 2016 年 9 月，MRJ 已经获得了世界各航空公司 447 架飞机的订单。

2015 年，日本科学家梶田隆章获诺贝尔物理学奖、大村智获得诺贝尔生理学或医学奖。日本获诺奖的科学家达到了 24 人。2015 年日本住宅建设开工率比上一年增加了 1.9%，而汽车的新车销售增长率则比上一年减少了 9%。百货商店的销售也和汽车销售一样时隔 4 年出现减少，而超市的销售额虽然只有 0.7% 的增长，但是在 18 年的连续减少之后终于出现的反弹。在劳动和雇佣方面已经连续 5 年得到改善，2015 年的年平均失业率为 3.4%，12 月的失业人数是 204 万人，比上一年减少了 6 万人。

第二节 社会思想的整体移轴：战争与和平的纠葛

受害者意识

8月15日，是日本的“终战纪念日”，日本政府会在这一天举行纪念仪式，天皇会发布谈话，大众媒体也会发表各类报道和文章，就算甲子园正在举行日本高中棒球最重要的比赛也会中断比赛进行默哀。对此，日本一桥大学名誉教授藤原彰曾经指出：把8月15日定为“终战纪念日”就是在宣扬日本国民的受害者感情。要悼念日本的战争受害者的话，也不应该忘记日本侵略亚洲15年给亚洲人民带来的伤害。但是，藤原教授的这种主张不仅没有得到响应，反而还遭到了人身威胁。

2015年8月15日前后，在日本有关战争的创作题材逐步增多，日本电视台还邀请了日本名人参加追思节目。日本当红艺人樱井翔就去巴布亚新几内亚寻访了日军的旧防空战壕，70年前，有19万日本兵殒命在远离日本本土5000多公里的这片热带土地上。在这些残败的高温多湿的防空战壕里，樱井感叹当年日军的处境是如此悲惨，但是却完全没有想到日军为什么会在那里。节目主持人村尾尚信非常有勇气地指出，日军出现在那里本身就是侵略的明证。但是，在日本这样有勇气的主持人并不多，感叹战争悲惨的人还是居多。因此，可以理解为什么日本媒体的报道基本上都回避了发动战争的原因，飘浮在日本上空的是越来越多的受害者意识。

无独有偶，根据同名小说改编的日本电影《永远的 0 》也是以发生在这片热带土地上的战争为背景的故事片。为了纪念战后 70 周年，日本电视台特地完整播出了该部电影。超过 700 万日本观众观看过这部电影和原作小说，该片描述了第二次世界大战后期日本特攻队员的事迹，这些为了家人拼死也要从战场上回来的人，最终还是成了不归者的悲剧故事，让很多日本观众为之流泪。但是，无论是小说还是电影，都没有对特攻队所做的惨无人道的日军战术进行批判，更谈不上在片中阐释日本为什么会发动战争，全片充斥着受害者悲惨生活的描述。虽然小说的作者已经出来澄清自己并没有赞美特攻队行为的意思，但这和安倍首相辩解自己认为安保法案是符合宪法的说法，以及被质疑抄袭的东京奥运会会徽设计者佐野研二郎辩解说自己的设计与比利时的地方剧院标志完全不一样的说辞如出一辙，毫无说服力，只能被大家批判。

但是，日本民众对作者是否赞美特攻队这个问题持续纠缠，完全忽视了这场战争是如何发生的，也就是回避了日本作为加害者的事实，剩下的只是日本作为受害者的问题了。因此，同名小说可以在日本畅销 500 多万册，创下各种纪录，从某种程度也可以说，这部小说是这个时代很多日本国民心声的代言。

战争的加害者很快就会忘记他们的罪行，但是受害者却往往不能释怀。战后 70 年，在日本沉淀下来更多的是受害者意识。

日本女性作家赤坂真理在她的著作《爱与暴力的战后和那以后》（2014 年、讲谈社现代新书）中提出了很多日本人都想问的问题：“投下原子弹的美国为什么没有受到审判？而日本的昭和天皇又为什么没有成为战犯？”

每年 8 月，日本都要重温当年的战争，并举行纪念活动。但是，这些活动中所指的战争往往是从 1941 年日军偷袭珍珠港开始，到 1945 年广岛、长崎被投下原子弹为止。2015 年，当今明仁天皇在新年讲话中特地指出“要吸取从满洲事变以来的历史教训”，实际上就是要让日本国民明白，战争并不是从1941年才开始的。因为在很多情况下日本所说的战争是从日军偷袭珍珠港开始的，如果战争是从那时起的，那么就不需要去探究战争发生的原因了。而问题则会变成美国的战争犯罪为什么没有得到清算？日军偷袭珍珠港固然非常卑劣，但是日军轰炸的基本上都是美军设施，而美国投下的两颗原子弹则完全是无差别地屠杀平民，这从第二次世界大战之前的国际法来看也是明确的战争犯罪。结果美国的战争犯罪并没有得到审判，那么到底什么样的战争犯罪才需要审判呢？这让日本国民失去了对战争犯罪的判断力。

同时，在日本一直有“头领负责”的传统，哪怕只是名义上的头领。在日本战国时期，上演了很多失败的一国头领剖腹自杀从而换取属下性命的故事，即便到现在也是这样，如果一家企业出了大问题，哪怕公司的主要负责人并没有直接责任，但作为一社之长就必须出来对大家鞠躬谢罪，甚至引咎辞职。第二次世界大战战败之际，日本国民都认为天皇就是日本国家和战争的最高领袖，这是连日本的右翼都不会怀疑的事实。但是，美国认为保留天皇制度可以更好地征服和统治日本，因此从一开始就不准备追究天皇的战争责任。这对日本国民来说，如果最高领袖都不被追究责任的话，那么在最高领袖之下落实的各项政策、执行具体任务的臣民自然也应该免责。因此，战后日本天皇制得以保留，成为日本国民从加害者变成受害者的心理依据。

可以说美国对日本的战后处理基本上奠定了日本对战争的立场。既然无法反抗美国的旨意，那么剩下的只有受害者意识。赤坂的这本著作被誉为战后70年必读的日本论，也为读者解读了日本的症结所在。

战争为什么会开始？

7月26日，东京电视台播放了池上彰主持的电视节目《教科书里没有记载的20世纪》。这档节目描述了希特勒是如何把德国绑上战车的过程，这被很多日本国民认为是解说当代日本很好的教科书，因为第二次当选日本首相的安倍晋三和希特勒几乎使用了同样的手法。

第一是从振兴经济入手。为了让国民支持他们的政治主张，希特勒和安倍都采用从经济振兴入手的这样做法。希特勒在第一次世界大战德国战败之时，国家极其疲惫的状态下获得了政权，当时的战争赔款让德国背上了沉重的负担，经济萧条，失业人数超过了 600 万。希特勒高举“重现德意志民族的光荣”的大旗，获得了德国人狂热般的支持。而安倍首相在第二次执政时，并没有像第一次执政时那样高呼“终结战后体制”的政治口号，而是用“安倍经济学”的经济政策给日本打鸡血。

第二是巧妙的媒体宣传。当时希特勒政权到处宣传他们的所作所为都是为了保护德国国民，连把德国的立法权全部委托给纳粹集团的全权委托法都起名为《关于消除对国家和民族危险的法律》。而日本国民从安倍“保护日本国民生命财产安全”的主张中看到了与希特勒的重叠。

第三是树立共同的敌人。希特勒利用了欧洲大陆对犹太人的敌视态度，把犹太人树立为德意志民族的敌人，从而让德国人能团结一致，同仇敌忾。安倍则利用了日本国民失去对中国好感的情绪，有意无意地在各种场合把中国当作假想之敌，从而让日本国民舆论在那里得到共鸣。

当然，也不是每个电视观众都同意池上彰的意见，《失去的二十年》作者池田信夫就认为把安倍和希特勒相比是日本“劣化左派”恐惧安倍政权的表现。不过，即使是反对把安倍比作希特勒的人也承认，安倍掌权的日本现况和希特勒政权时的德国状态非常相似：那就是国家政治做不了任何决定。魏玛共和国时代，政治非常软弱，国民看不到国家发展的方向，他们渴望出现一位强有力的领导者带领他们向前走。而最近的日本政治也同样软弱无力，首相像走马灯一样一年换一个，每个首相都有自己的政治主张，但却没有力量去落实。在民主党执政时代，这样的混乱达到了一个高潮，同时，日本的经济也面临着一次又一次的危机，仍旧无法摆脱泡沫经济崩溃的阴影。日本国民已经不能忍受这样的政治和经济状况，他们也渴望出现一位强有力的领导者带领大家振兴日本。从这一点来看，安倍政权的诞生与希特勒政权的诞生就非常相似了。

实际上，把安倍和希特勒相比较，并不是池上彰的电视节目首创。2015 年 1 月 4 日，日本 TBS 电视台播出的讨论节目中，就已经分析了安倍和希特勒在推行经济政策和引导群众方面具有很多的相似点。而 2014 年 12 月 31 日，日本 NHK 红白歌会上出现了惊人一幕：日本音乐史上最具影响力的乐队“南天群星”的主唱桑田佳祐戴上类似希特勒的胡子，演唱了讽刺右派的歌曲《和平与亮点》（*Peace & Highlights*）。桑田佳祐的行为被大家认为是直接批判了安倍政权。

日本媒体人鸟越俊太郎也曾指出，无视国民的反对而强行推进安保法的就是独裁者，这与希特勒做的完全一样，安倍政权应该被称为“安倍道夫政权”。

把安倍比作希特勒好像是在贬低他、批判他。其实，最早把安倍政权和希特勒政权挂钩的不是安倍的批判者，而是他亲密的政治盟友。安倍政府的内阁副总理麻生太郎在 2013 年夏天就透露了安倍政权要学习希特勒的秘密。麻生明确指出，关于宪法，可能某一天我们会突然发现宪法已经变化了。就像魏玛共和国的宪法变成了纳粹的宪法一样，谁也没有注意到就发生了变化。

实际上，这正是日本国民所担忧的事。日本国民担心安倍政权不通过修改宪法的手续，而是用政府对宪法的解释权进行肆意的宪法解释来架空宪法。虽然也有很多评论者认为通过安保法案并不意味着日本会立刻进入战争状态，但这依然无法消除日本国民的担忧。美国普利策奖获得者约翰·托兰德曾经指出：“如果希特勒在夺取政权 4 年后的 1937 年死去的话，那么毫无疑问他将作为德国历史上最伟大的人物而载入史册”（《阿道夫· 希特勒传》）。但是，最后悲剧还是上演了，日本国民担心的正是那些美丽辞藻带来的悲痛惨剧。

成熟的日本不需要经济增长

"日本国土那么狭窄，你那样急急忙忙地想去哪儿？"

这是橘木俊诏和浜矩子两位日本教授的对谈集《成熟的日本不需要经济增长》中开头的一句话。实际上，1975 年林雄二郎的《日本型成熟社会》里就已经提出这个问题。但这句话并不是真正的疑问句，其口气是劝说大家注意行走安全。1973 年，这句话就被当作优秀的交通安全口号，甚至获得了安全标语的总理大臣奖。

橘木和浜两位教授非常确切地借用了这句口号，认真地阐述了他们的主张。他们认为，经济增长至上的日本"未成年"时代已经结束了，但是在那个时代的日本已经赚得盆满钵满，给后代留下了丰厚的财产。现在"成年"后的日本面临的是如何运用好这些财产。如果日本还没有这样的觉悟，依然认为自己还很年轻，那么就会大声叫嚷："GDP 已经被中国超越了""马上也会被印度赶上来了"。实际上，日本已经是世界上最大的债权国，光金融投资的回报就完全可以让日本非常富裕，也就是说成熟的日本已经不需要经济的高度增长。日本需要的是正确地认识到自身目前的状况。

曾经被称为"日元先生"的前日本大藏省官员榊原英资更是尖锐地指出："如果从成熟的角度来看，日本就是世界上最先进的国家。如果我们强调这个优势，日本国民就可以广泛地共享成熟的果实的话，那么日本还是焕然一新的。现在世界上的先进国家经济已经充分成熟，高速增长当然已经不可企及。通货紧缩与其说是一种问题，倒不如说是经济增长后所必然到达的结果。因此，应该彻底放弃经济增长的幻想，接受日本社会已经成熟的现实。"

换一个角度看，日本"失去的二十年"不仅无法挽回，而且正是一个从未成年到成熟的过渡阶段。无论是否喜欢、是否接受，日本社会已经不可避免地进入了成熟社会，大家都不可避免地面临着"已经进入成熟社会的日本应该如何取舍”的问题。

但是，这对长期以来一直拒绝成熟的日本社会来说并不是一个简单的问题，因为成熟社会和增长社会在各方面都有显著的不同。若硬要把在增长社会中屡试不爽的政策和措施运用到成熟社会中来，不仅起不到作用，反而会带来危害。

那么，到底会有什么样的危害呢？日本经济学家小野善康教授在他的《成熟社会的经济学》一书中非常具体地罗列了一系列问题点，例如，日本政府过去经常用的财政政策实际上并不能增加有效需求，金融宽松也不能提高物价和 GDP，“节约”政策更是愚蠢至极的政策；依靠外需无法改善日本国内的景气，而国内产业的保护政策反而会给维持雇用带来相反的效果，推出支援年轻人的就职政策也造成了更加严重的就业困难；提高税收不会让经济萧条，同样提高消费税率也不会压抑消费，日本政府出台各种为了提高生育率的政策其实根本没有什么意义。

上述这些政策措施，从凯恩斯以来，在很长一段时间里都被认为是应对经济危机、刺激经济发展的有效手段，但是，到了成熟社会，新古典经济学的政策措施不仅起不到有效的作用，反而会带来更多的困难和麻烦。这是为什么呢？小野认为大家对成熟社会的认识存在根本性错误。一般认为在经济增长型社会里，社会需求大于生产力，所以生产出来的产品都可以销售出去，这时就要解决“如何提高生产力”的问题。而成熟社会，因为生产力大于社会需求，所以需要挖掘社会的需求。然而，这里存在着一个误区，那就是在成熟社会里，人们更加热衷持有货币，对货币的执着和欲望产生了无法忽视的影响力。但是，对主流的新古典经济学来说，恰恰正是这个货币最难处理，因为新古典经济学是以“无视货币的存在”为前提的。所谓的流动性陷阱的分析也并不包含人们对持有货币的欲望，在新古典经济学里，人们存储货币是因为大家预测利率将会上升而债券价格就要下降，手上持有货币时刻待购可以获得更大的利益。新古典经济学因为忽视了人们对货币持有的欲求，自然也就开不出对应的药方。

那么，在成熟社会里要如何从经济萧条中挣脱出来呢？小野的回答也非常明快，从供给方来说，必须提供具有想象力和创造力的产品或服务，挖掘对方的潜在需求，同时，从需求方来说，必须摆脱对持有货币的欲望，为了丰富的生活应该积极消费。这样的话，在经济上大家都能更加富裕，谁也不对货币持有欲望，反而都能成为有钱之人。一句话，在成熟社会里，需要引导人们不要把存钱当作目的，而应该积极去花钱消费。

在扩大市场方面，其实小野的主张和新古典经济学的主张并不相悖，只是新古典经济学忽视了货币本身，从而无法正视人们对货币持有欲望所带来的影响。新古典经济学为摆脱经济萧条设计了很多市场增长点，但是，如果增加的货币不投入到增长点的话，这些政策和措施自然也就起不到什么作用了。

虽然小野非常缜密地分析了成熟社会的经济特征，并找到了解决问题的途径，但有一个关键点还是被忽视了，那就是如何引导人们积极地去花钱消费。

首先，消费活动需要经济基础，同时也需要一定勇气和决断。正如日本社会学家大泽真幸博士指出的，如果把货币比喻成一条航行在波涛汹涌的汪洋大海里的船，而这条船已经伤痕累累，随时可能翻船沉没，但是船上的人还是不愿意放弃这条船转而跳进惊涛骇浪中去。也就是说，在失业、破产开始威胁人们的时候，还有多少人会毫不顾忌地大肆消费呢？在这样的时刻，人们必然会压抑消费拼命存钱。现在，日本就是处在这样的环境之中，“安倍经济学”似乎抬高了股价，但那只是给日本经济打了一针鸡血而已，事实上，大家依然在暴风雨中随时会翻的船上，问题并没有得到解决。遇难船迟早会沉没，最后只有一条出路，就是告诉大家跳进海里还是安全的，当然这种安全需要政府有政策和措施来加以保证。而这就是政治的问题了，说白了，政治家必须说服大家安心去消费。

大泽博士的比喻十分明确地抓住了日本经济的要害，同时也清晰地点明了解决问题的方案，更是旗帜鲜明地指出了政治家的责任所在。但是，要日本的政治家承担全部责任毕竟还是太苛刻了，不过这种安全保障却是必不可少的。在成熟社会里，人们重视生活的质量，精神方面的价值也更加受到重视，因此，安全保障不仅仅是指物质生活方面的充裕，还包含了精神生活方面的富裕。“如果人们在道德方面不能成熟，那么想要构建在物质和精神方面都非常富裕的社会还是非常困难的。”对照当下的日本，这种警告并非毫无意义。事实上，面对长期的经济低迷，最近日本舆论显得越来越不耐烦，到处充斥着“这样的日本到底是由谁造成的？”之类的追究责任的“爱国”言论。很多日本人对这种不成熟的幼稚状态也非常不满意。

日本文艺评论家佐藤清文指出，日本需要更加成熟的精神，否则社会就抵御不了回归增长社会的诱惑。这些年来，日本所谓的“改革”基本上都是一种树立假想敌，然后加以攻击的煽动。日本政治家都非常热衷于强化自己的权力基础，但是对如何构建信赖关系毫不关心。因此，这 20 年来，日本社会虽然已经为从增长社会进入成熟社会而高歌，但其实却一直在成熟社会前徘徊。

在成熟社会里，经济增长放缓了，但是精神生活的质量应该得到大幅提升，而这个前提是人们道德的成熟。如果缺少了精神生活方面质的提高，只剩下经济增长停滞不前的话，那么社会就会更加动荡不安。日本在进入成熟社会的过程中，不得不摸索着社会的重新定位。

当年十大新闻

- 大村智获得诺贝尔生理学或医学奖，梶田隆章获得诺贝尔物理学奖
- 日本橄榄球队在橄榄球世界杯赛中取得 3 场胜利的历史性成绩
- “伊斯兰国”（ISIS）杀害日本人质汤川遥菜、后藤健二

- 日本正式实施个人号码制度，陆续发放“个人号码卡”
- 日本关东和东北地区暴雨不断，造成 8 人死亡，46 人受伤
- 日本国会通过旨在放宽日本军事活动限制的安保法案
- 北陆新干线的高崎站至金泽站开始投入运营
- 日本横滨市的大型公寓楼出现倾斜，日本旭化成建材公司承认数据造假问题
- 日本、美国等 12 国就 TPP 达成初步协议
- 2020 年东京奥运会会徽被指抄袭，日本东京奥委会通报弃用该设计

第三节　畅销书之 2015：纯情・他责

2015				
排名	书名	作者	出版时间	出版社
1	火花 《火花》	又吉直樹	2015 年 3 月	文藝春秋
2	フランス人は１０着しか服を持たない 《法国人只有 10 件衣服》	ジェニファー・L・スコット／神崎朗子 訳	2014 年 10 月	大和書房
3	家族という病 《家庭这样的病》	下重暁子	2015 年 3 月	幻冬舎
4	智慧の法　心のダイヤモンドを輝かせよ 《智慧之法》	大川隆法	2015 年 1 月	幸福の科学出版
5	聞くだけで自律神経が整うＣDブック 《听听就能调节自律神经 CD Book》	小林弘幸	2014 年 11 月	アスコム
6	置かれた場所で咲きなさい 《就在你所在的地方生根开花》	渡辺和子	2012 年 4 月	幻冬舎
7	新・人間革命　第 27 巻 《新人间革命》第 27 卷	池田大作	2015 年 11 月	聖教新聞社
8	一〇三歳になってわかったこと　人生は一人でも面白い 《到 103 岁才知道的事》	篠田桃紅	2015 年 4 月	幻冬舎
9	人間の分際 《人的分寸》	曽野綾子	2015 年 7 月	幻冬舎

续表

2015				
排名	书名	作者	出版时间	出版社
10	学年ビリのギャルが 1 年で偏差値を 40 上げて慶應大学に現役合格した話 《这是用一年时间让学年倒数第一的女孩偏差值提高 40 让她直接考入庆应大学的故事》	坪田信貴	2013 年 12 月	KADOKAWA

资料来源：株式会社トーハン

日本自由国民社每年出版的时事百科《现代用语的基础知识》多年来一直在说集体自卫权违背日本宪法，而以往的日本政府也坚持了这样的认识。但是，安倍首相却硬说集体自卫权是符合日本宪法的。这怎么看都是在考验日本国民的日语能力。由于日本的执政党占国会多数议席，所以国会通过了这样的解释。虽然日本国会议员是由国民选举出来的，但是若要说日本国会通过的决议也就是代表了日本国民的意见，实际上就是“矫情”。

似乎日本国民也并不喜欢这样的“矫情”，他们更喜欢“纯情”。日本小说《火花》，其文学水平虽然没有过多的评价，但内容表现非常真诚，畅销 200 多万册，应该是最好的证明。《火花》的故事并不曲折，也不是非常典型，它反映了现代日本社会里普通年轻人生活的一面。没有催人泪下的故事，只有直白，这是故事主人公的直白，也是作者的直白。滑稽艺人能够写出这样的小说，而且能让大家都来读一读。读什么？读“真诚”。真诚让《火花》夺得了这一年畅销书的榜首。

畅销书榜第二名是《法国人只有 10 件衣服》，实际上也可以归到纯情类里。现实中谁的衣柜都不会只有 10 件衣服，但是这种单纯吸引了读者，明知道那是不可能的事，但是读者还是向往那样的单纯。自然也就挡不住这本书成为畅销书了。

但是，越是单纯就越会遇到挫折。遇到挫折，过去人们认为自我反省是一种美德，而现在指责他人才是一种解脱。《家庭这样的病》或许就是这样的代言。理想家庭的真面目早在20世纪90年代就被美国作家斯泰芬尼·库茨（Stephanie Coontz）的一系列关于家庭的书揭穿了。而日本在寝室、餐桌等各个方面也早已经显示出社会中人与人的距离。剩下的可能就是对家庭的指责了，在日本“一亿人口总忧郁”的时代，阅读指责他人的著作，或许也能为自己出一口恶气。

畅销书就是这样散乱反射地反映了社会的真实。

《火花》

作者：又吉直树
出版时间：2015年3月

【出版解题】

“漫才”（日本相声）艺人又吉直树出生在大阪，祖籍在冲绳。又吉从小就非常聪明懂事，还很体谅贫困的父母，在吃烤肉的时候他说自己只要两片就满足了，现实演绎了日本版的“孔融让梨”。由于仰慕大阪的滑稽艺人组合DOWNTOWN，又吉放弃了被推荐直接进大学的机会而进入了“滑稽圈”。但是，读书还是又吉的爱好，作为文学青年的又吉寄宿在东京都三鹰市的破旧公寓，而这里竟然是日本文豪太宰治的旧居。在刚刚出道还没有什么工作机会的时候，他每天都要去井之头公园散步，直到现在也保留了散步的习惯。日本的三鹰和吉祥寺本来就是文人萃集的地方，又吉获得芥川奖之后，又为这一地方增添了文学的光彩。

2011 年，日本文艺春秋社的编辑浅井茉莉子在同人杂志展销会的文学自由市场遇到又吉直树，而这次相遇给文艺春秋社带来了一位连破纪录的畅销书作家。在浅井的邀请下，又吉直树发表了两本短篇小说集，后因浅井茉莉子于 2013 年转任日本《文学界》杂志编辑部，便再度邀请又吉直树撰写新作，并于 2015 年 2 月号刊载。《文学界》2 月号发行前，出版社以“艺人撰写之纯文学作品在纯文学杂志初登场”引起话题，1 月 7 日发行当天，网络及各书店立即售罄，1 月 8 日便决定增印 7000 册，1 月 9 日又加印至 2.3 万册，最终累计发行了 4 万册，这是《文学界》杂志自 1933 年创刊以来的首次加印。2015 年 3 月 11 日，出版社决定发行又吉直树的单行本，由西川美穗负责封面、大久保明子担纲装帧设计。

目前《火花》累计发行量超过 239 万册，不仅超过了 1976 年村上龙《无限近似于透明的蓝》的单行本销量纪录，成为芥川奖历史上的销量第一，也成为文艺春秋社的出版物中第二畅销的书。同时，本书的电子版也有 10 万以上的下载量，成为文艺春秋社最畅销的电子书。

在当年举行的芥川奖授奖仪式上，又吉明确地说明今后除了写作之外还将继续演艺活动。写作和演艺不分主次，对他来说都是必需的。

【读者反响】

日本“创作商业塾长”大泽达男认为，作为搞笑艺人的又吉直树的小说《火花》之所以能够成为日本芥川奖历史上畅销 200 多万册的获奖小说，是因为“真诚”的表现。在这本小说里随处可以找到表现“真诚”的内容。

小说中的相声艺人神谷说：“我们为了获得表现的地方，为了获得发言的权利，或者说是为了摆脱贫困，正以各自的方式在格斗。”神谷说：“相声不是专属于有趣有想象力的人手里的东西，而是一种表现人的真诚纯粹姿态的东西。”神谷说：“如果相声演员开始做起相声批判，那么他就已经江郎才尽了。”

这是20岁的年轻相声演员，为了表现而格斗的故事，然而表现又是那么痛苦。实际上，在接触到这个“表现”一词之后，读者就会把这本小说当作自己的故事读下去了。每天更新网页的工作、给顾客说明自然化妆品的工作、为自己的乐队填写歌词的工作、为顾客美容美发的工作，等等，现在的工作都是在“表现”。

日本经济学家伊藤元重指出，现代的劳动已经不是工业革命时代以前的labor(劳动＝劳苦)，也不是工业生产时代的work(劳动)，而是演变成一种play(演技)。也就是说，在以内容为主的时代，工作就是一种“表现”。这是一个以个性取胜的时代，但是并不是一个很酷的时代，而是一个很“残酷”的时代。

那么，对艺人来说，“表现”是什么呢？答案也很清楚。日本滑稽艺人泰斗桂春团治为此下了明确的定义：（1）为了卖名，只要不触犯法律，什么都可以做。（2）不能借钱。（3）不能用自己的钱去喝酒。（4）保护好自己的行头。（5）师傅和徒弟是父子关系，而徒弟的工作是没有时间限制的。（6）不能让女人哭。

放浪形骸，《火花》的表现如此真诚吗？

《法国人只有10件衣服》

作者：珍妮弗·斯科特
出版时间：（日文版）2014年10月

【出版解题】

本书是美国超人气博客“每日鉴赏家”(Daily Connoisseur.com)的博主珍妮弗·斯科特在美国出版的*Lessons from Madame Chic: 20 Stylish Secrets I Learned While Living in Paris*（中文版《跟巴黎名媛学到的事》）一书的日文版，与中文版的书名直译不同，日文版书名是日本出版社的编辑特地改动的。这一改动的目的也非常明确，就是要求市场的冲击性。有一句话说“女人总是少一件衣服”，哪怕衣橱里已经再也塞不下任何东西了。巴黎是时尚之都，但是书中却说“法国人只有10件衣服”。这对向往法国时尚的日本女性来说无疑是非常具有冲击性的，这让她们欲罢不能，非要知道其中到底是怎么一回事。这样本书的畅销也就水到渠成了。

当然，本书并没有纠缠法国人是否只有10件衣服这件事，而是从一个美国的年轻学生到法国做交换生的角度，讲述了法国女性的健康饮食以及对时尚和生活的态度。作者认为与美国加利福尼亚的女性相比，法国式的生活艺术显然更有品质、更优雅、更精致。作者感受到文化的冲击，为此写下了对自己最有冲击的20项重要发现。

这本书是对女性时尚和法式风格感兴趣的人的必读之作。《纽约时报》《每日邮报》都大力推荐。截至2015年5月底，本书在日本的销售量已经突破了65万册。5月23日，本书作者斯科特应邀在日本电视台的节目中露面介绍本书，也促进了本书的销售，顺利夺得日本半年畅销书榜的榜首。2015年12月，本书的出版社大和书房又趁热打铁地推出了本书系列的第二本。

【读者反响】

日本淳久堂书店松山店的一位店员这样推荐本书：

我在大学期间也曾经有一个月寄宿在本书作者曾经寄宿过的巴黎16区旁边的17区。和本书作者一样，我也从那些有极高生活艺术品位的巴黎人那里学到了很多东西，体验到很多在物欲横流的日本所不能体验到的生活乐趣。物质的丰富并不等于精神的富裕，这本书应该可以给读者带来这样思考的机会。

虽然本书在日本非常畅销，但在日本亚马逊网站上无论是赞扬还是批评的评论中，读者都对本书的日文版书名提出了质疑。

赞赏本书的读者认为日文版书名过于杜撰，不仅原作者没有说法国人只有10件衣服，连翻译者也没有提到过这种说法。本书从来不是强调法国人只有10件衣服，而是在说明贵族般高质量的生活是包括从饮食到对生活的态度等各个方面的。而用“法国人只有10件衣服”这样的书名，就立刻把本书等同于日本国内比较流行的“断舍离”这样的主张了。

对本书持批评态度的读者认为本书的书名非常吸引人，但内容却非常单薄，简直是一种似是而非的东西。本书的内容无非是讲述了一个典型的美国姑娘寄宿法国贵族家庭时遭受到的文化冲击而已。在这样的冲击下，美国姑娘开始认识到什么是健康的可持续的生活方式。实际上，这只是习惯于大量消费的美国人所持有的一种感受而已。

日本评论家平野友纪子则指出：

本书在美国非常畅销，其中心思想对日本读者来说有一种Déjà vu（既视感）的似曾相识之感。本书所主张的“搭配好10件衣服”“不要浪费食材，尽可能全部利用”，以及“只吃对身体有好处的食物”等，实际上都与日本传统文化的美德相似，只要是好好地接受过日本教育的人都会认为这些主张是理所当然的事。本书的好处大概是能让读者再一次领会到日本的传统美德吧。

本书有一句话大概能让读者铭感：“幸福不是得到梦寐以求的东西，而是对已有东西的满足。”这对日本人来说也不是新鲜的说法，实际上日本也有很多不主张物欲而获得幸福感的书籍，其实可以把本书归类到这些书籍中去。

日本亚马逊网站还有一位读者做了这样的点评：

虽说读了本书并没感到怅然若失，但也真没有什么可学的地方。正如很多读者已经指出的那样，本书并不是提倡只要有10件衣服就够了的一本书，而完全是体现美国人对法国文化的自卑感的一本书，让人再次感到美国确实没有文化。而更可悲的是日本正在进一步美国化。

《家庭这样的病》

作者：下重晓子
出版时间：2015 年 3 月

【出版解题】

在现代社会，家庭被认为是紧张的社会生活中的绿洲。但是，日本 NHK 电视台原节目主持人、作家下重晓子却对这样的认识提出了疑问。她根据自己的亲身体验，写出了这本《家庭这样的病》，对被美化的家庭当头一棒，进行了批判。她一针见血地指出：没有什么比家庭更让人受累的东西了。

下重晓子已经 77 岁了，但精力非常旺盛，每年还会出版几本著作。几年前，她改变了结婚以来一直与丈夫同房就寝的习惯，她们把卧室分开了。原因就是希望能早点适应夫妻死别后的一个人的生活。

下重本来对结婚并不是很积极，有一次去男朋友家看到他做饭的背影后突然感到了结婚的意义。不过，他们并没有举行婚礼，只是用通知的方式告知亲戚朋友他们结婚了。下重一直认为只要生活上需要，结了婚也是可以分居生活的。而各自的工作也确实让他们经常分开。下重曾经说过她从来没有把丈夫当作丈夫来看。他们之间没有孩子，但是，在丈夫生病之后，她突然感到他们夫妻在一起的时间还是太少了。如果丈夫就这样去世的话，她会后悔莫及的。尽管如此，他们还是决定分房而寝。

1936 年出生的下重 9 岁时在疏散地奈良迎接了日本的败战，属于有战争体验的一代。下重的父亲是战争时代的职业军人，在家里一直保持着军人的刚毅形象，但是战后被开除公职后马上变得非常颓废，让下重感到厌恶。小家碧玉的母亲本来也非常富有才华，但是和军人结婚之后，完全放弃了自己的志向，转而尽心尽力地担任好军人妻子的角色，这也让下重反感。下重晓子在早稻田大学毕业之后进入日本 NHK 电视台担任播音员，主持教育和音乐节目。1968 年之后离开 NHK 成为独立节目主持人，之后又成为作家。她还是一个社会活动家，2005 年当选为日本汽车复兴会会长，2008 年在她的强烈要求下，日本重新开放了犹如香港赛马般的赌博竞技类项目：女子自行车竞赛。

下重和小她 3 岁的电视台职员结婚，与在社会上充满精力地进行活动的下重不同，她的丈夫喜欢做家务，尤其能烧一手好菜。他们结婚后，家务全部由丈夫承担。有趣的是，连结婚仪式都没有举办的下重很早就“卒婚”了。“卒婚”是一个新名词，就是结束婚姻的意思，不过，并不是说他们夫妇已经离婚，而是说在生活上两人互不干涉，各自享受各自的人生。即便是同居在一起，寝室也是分开的，从而保证了两个人的独立生活。虽然“卒婚”可以互相尊重各自的个性和生活，但其实也有非常实用的一面，那就是为了早点习惯丧偶以后的生活。

日本女性结婚后需要改成丈夫的姓氏，否则在日常生活中会遇到很多不必要的麻烦，需要拿相关资料来证明自己已经结婚。下重是她的旧姓，结婚后她也曾经改过姓氏，但是下重希望最后能以下重晓子的身份去世，所以一直实际使用着下重晓子这个姓名。年近 80 的下重在几年前就过上了与丈夫分房睡的生活了。从这几点来看，下重晓子应该是放下了生活中最让人受累的东西了。

下重晓子从 1967 年出版《还有一个的你》之后，出版了多本以女性生活为主题的著作，目前，老年问题成为她最重要的题材，已经出版了《老之觉悟》《最后是一个人》等著作。本书于 2015 年 3 月出版，与斯泰芬尼·库茨（Stephanie Coontz）的《家庭这样的神话》有异曲同工之妙，当年的销售量就超过了 55 万本。

【读者反响】

日本亚马逊网站上的读者留言中，持批判性意见的读者比较多。一位笔名“毛玉”的读者这样指出：

本书并没有什么理论性的东西，只是对自己不满意的家庭发泄牢骚。很多人随着年龄的增加，会离开父母，组成自己的家庭，生儿育女，大家都会从生老病死中，从喜怒哀乐中学到很多东西，但是本书作者却不是这样的，好像是走火入魔了一样把什么都归罪于家庭，归罪于环境。作者一直在强调是因为家庭不好，所以她才变成这种样子，不是她不好，而是家庭不好。作者已经到了这样的岁数了，竟然还这样不懂事理，竟然还这样指责早已去世的父母，难道这才是所谓的自立吗？这是一本孤独傲慢、自以为是、顽固不化地攻击老年人的书。

当然，作为个人完全是有权利这样发泄牢骚的，但是，作为出版社把这样的牢骚当作对社会问题的警示来宣传出版，那就有很大问题了。读了本书后，有谁会颔首称赞呢？

用不断地批判他人的家庭来维持自己的家庭大概是作者的一种方法吧。既不能克服也不能忘却，同时又不能建立起比他人更幸福的家庭，但是这一切又不是我的错。为了坚持自己的正确毫不吝啬地批判他人，这样不断地树立假想敌并与假想敌不断斗争的人会得到美满的家庭生活吗？

老实说，本书对那些认真考虑家庭问题的人、热爱家庭和孩子的人是毫无意义的，不仅解决不了什么问题，而且还会给大家带来不愉快的感觉。

另一位读者这样指出：

因为本书的作者并没有直面自己的家庭，所以“很难理解一个家庭”那也是理所当然的。既然作者“不知道别人的家庭”，而把个人的主观意见一般化，甚至理论化，那是很难让人理解的。“家庭这样的病”这个书名则显示了作者对自己不理解的东西简单地贴上“病”的标签。如果只是否定社会的常识而没有自身的体验和努力的话，最多只是一种暴论。

日本媒体人佐佐木俊尚指出：

本书内容非常过激，从而引来了很多严厉的指责。不过，社会上这么剧烈的反应，实际上正是说明了日本社会家庭观念已经发生了动摇。以前丈夫是公司职员，而妻子是家庭主妇的标准家庭正在大幅减少，而单身家庭也在不断增加，另外家庭暴力和虐待孩子等早就成为重大问题，所有这些都让“幸福家庭”难以存在。这样，日本的家庭出现了巨大变化，而本来能给大家带来家庭般温暖的企业等中间组织也变得冷漠无情，这些反而都让日本人更加向往“幸福家庭”。所以，这本强烈否定温暖家庭的书，遭到读者们强烈的指责也就是理所当然的事了。

网名“琥珀的戏言”的读者这样指出：

本书之所以畅销，并不仅仅因为下重晓子的知名度以及似乎可以解决家庭问题的书名，更是因为日本社会上存在对家庭不满但又难以启齿的要因，本书这样畅快地指出“家庭不是温暖的归宿”这样的言论，自然能让很多读者感到爽快。既然名人对家庭也有憎恶感，那么普通百姓说几句家庭的坏话又有什么不可以的呢？

但是，本书那样对父亲执拗的指责，是不是过分了呢？事实上本书表述的只是从自己的亲身体验中得到的对父母的憎恨与自己为了女性独立而不断奋斗的经历和自豪。读者读过之后是找不到一个解决家庭问题的方法的。把很多问题都简单地归罪于家庭也是本书的一个特点，作者从不怀疑自己的想法是否正确，凡是作者认为是有问题的，就简单地指责那是家庭的问题，显然那不是“家庭这样的病”，而是“下重晓子这样的病”了。作者在本书里曾经提过：“不知道为什么大家都一边说不给我添麻烦，一边纷纷离我而去。”可以说这就是日常生活中过于指责他人的结果吧。